神理の扉

聖なる変容と
霊性進化の道

光田 秀
森井啓二

きれい・ねっと

まえがき

森井　啓二

生きていると、誰もがふと「私はなんのために生きているのだろう？」と思う瞬間があります。幸福になりたいと願わない人はいないでしょう。しかし、人生の目的を知らずに幸福になることはできません。

真の幸福とは何でしょうか？
究極の人生の目的とは何でしょうか？

ヨガの聖典とされるヨガ・スートラの編纂者であるパタンジャリ大師は、人生の目的を「至上霊との一致」と述べています。
エドガー・ケイシーは、生きる目的についてリーディングの中で様々な言い方をしていますが、「人間の生きる目的は、魂を完璧な存在である“The Whole”と調和できるまでに高めることにある」と述べています。

オーストラリア先住民は、人生の意義を次のように表現しています。「われわれは、この時、この場所に来た訪問者だ。ここは経過点に過ぎない。われわれのここでの目的は、よく観て学ぶこと。その中で成長し、愛すること……。そして、本当の家に帰るのだ」。

アメリカ先住民は、大変わかりやすく人生の崇高な目的を表現しています。「唯一絶対、万物の創造元である大霊が存在し、われわれを含む万物はその分霊として存在する。人間の目的は、大霊ともいわれる宇宙の意識を各々の魂に顕現することである。

地上に誕生した人間がまず心がけることは、人間として円満な資質を身につけて人に役立つことである。それは霊的な成長に役立ち、愛、協調、奉仕、寛容、忍耐を基本とする資質を身につけることができる」。

光明を得た先人たちの智慧は、私たちの人生にとって、とても役立つものです。その中でも、数多くの驚くほど正確な透視によって、現代社会を生きる人々に大きな衝撃を与え、その人生に光と恩恵をもたらしたのはエドガー・ケイシーなのではないでしょうか。

今回対談させていただくことになった尊敬する光田秀先生も、そのうちのお一人。生きる目的を見失い苦しみの中にいた時に、ケイシーのリーディングに出会うことで、人生が大きく転換したといいます。そして今では、ケイシー研究と普及に人生を捧げ、日本エドガー・ケイシーセンターを創設・発展させ、ケイシー研究における世界的権威のお一人となられました。

古今東西世界中の人が、人生の意義と幸せを外の世界に求めてきました。でも、外の世界でどんなに偉大なことを達成しようとも、この物質世界の中に真の至福を見出した人は誰もいませんでした。真の幸福は、外の世界ではなく、内側の世界にあったからです。

ケイシーによるリーディングは、多くの高次元の存在たちの協力によって、そこに人生の指針となるすべてがあると言っても過言ではないほど素晴らしいものとして遺されました。真の幸福を追求する人、人生の究極の目的を模索する人にとって、その答えをとても大きな視野で具体的かつ明確に示してくれているものなのです。

真の幸福と人生の究極の目的を確信するにあたって、最も必要なことは、「人生は一度ではない」こと、そして「人は肉体だけでなく、エネルギー体を含むもっと大きな存在である」ことを理解することだと思います。

輪廻転生を確信し、魂が永遠不滅の存在であることを思い、この物質世界が大きなエネルギー世界のほんの一部でしかないことを感じることができたなら、人生は大きく美しく変わります。

それはまるで、自分の心の深い場所に「神理の扉」を発見し、そっと開き、その内へと入るようなもの。入った途端、いつもの景色、いつもの人々、いつも見ているあらゆる存在が、突然輝きはじめ、活き活きとした世界へと変容します。地の理だけに囚われていた私たちは、天の理、神理を知ることによって、同じ場所、同じ時にいながら、全く違う世界に入ることができるのです。

本書は、ケイシーの世界を中心に、見えない世界を探求している光田先生と私が語り合ったことを書籍化したものです。

私は、この時に見えない存在たちが同席してくださっていることを感じていました。ぜひ、読書の皆さんも同席しているお気持ちで、楽しんでいただければ幸いです。

そして、本書が、ご自身の内側への探求の道を歩んでいく時の、道標の一つとなることを願っています。

もくじ

まえがき　森井啓二　2

第1章　瞑想の実践　11

神理の扉の前で　12
時空を超えた師との出会いを求めて　19
パラマハンサ・ヨガナンダ師と瞑想の実践　26
瞑想の質を変えるアファーメーション　33
エドガー・ケイシーの勧めた祈りと瞑想　39

第2章　自然との調和　49

瞑想で見ることのできる光　50

「薫習」と「抖擻」 59
真夜中の山で精霊と出会う 67
言葉を超える体験を 72
人間の魂が進化する瞬間 78

第3章　医療の本質

第3章　医療の本質 83
エネルギー体を調和へと導くホメオパシー 84
ホメオパシーが受け入れられない理由 92
体の声を聴き、自己治癒力を尊重する 98
「真の治癒」とはなにか 104
医療は古代インド哲学で繋がっている 108

第4章　輪廻転生の目的　113
死を正しく認識すること　114
肉体が永遠のものではない一方で　120
神の与えられた驚くべきメカニズム　125
肉体的な性エネルギーの昇華と離欲　133
人は忍耐によってその魂を得る　140
聖書にも描かれている生まれ変わり　144
輪廻転生の中で培われていくもの　148

第5章　聖典の叡智を学ぶ　155
夢は魂からのメッセージ　156
霊的成長を目指すための教科書　161

聖典を深く読み解く方法 165
「ヨハネの黙示録」は霊的トレーニングのテキスト 173
「黙示録」を霊的に深く読み解く 179
「黙示録」が難解である理由 185
ケイシーを通してバガヴァッド・ギーターを学ぶ 190
すべての行いを神への感謝として 198

第6章 神理の扉を開く

205
天の采配による未来の計画 206
ケイシーが示す現代社会の救済方法 209
明かされ始めた変容への道のり 214
天の法則を理解し、神理の扉を開く 218

エピローグ

エピローグ 225
予言者エドガー・ケイシーの真の実績 226
死んだら無になるという人生観の中で 228
たった一冊の本との出会いによる救い 234
日本エドガー・ケイシーセンターの設立 240
エドガー・ケイシー療法の実践 244
閃きに従って自由に生きる 248
オーストラリアでの学びとホリスティック医療 255
未来へ繋がる土台をつくる 260

あとがき　光田 秀 266

第1章　瞑想の実践

神理の扉の前で

森井啓二（以下森井）　今日はお忙しい中、お時間をつくっていただきありがとうございます。どうぞよろしくお願いいたします。

光田秀（以下光田）　こちらこそ、どうぞよろしくお願いいたします。

この度は対談の機会をいただけるということで、もう本当にワクワクして楽しみに参りました。

森井先生のSNSやブログ「光の魂たち」などを拝見していますと、とにかくとんでもない方だなと驚嘆するばかりです。ホリスティック医療、特にホメオパシーの権威である獣医師としてはもちろんのこと、ヨガの達人でもいらっしゃる森井先生の正体に迫るべく、たくさん質問してどんどん切り込んでいきたいと考えています。

森井　私のほうも日本エドガー・ケイシーセンターを設立された頃からの長年の光田先生ファンとして、お聞きしたいことがたくさんあります。

光田　恐縮です。それにしても、森井先生と存分に語り合うひと時を持てることは、まことに嬉しいことです。同時に、いま、この機会を得たことには大きな意味があるように感じられてなりません。

森井　同感です。

いま、人の意識がどんどん変わってきていると思います。そして、実はこの意識の変容こそが、いま地球上に存在する多くの困難な状況を解消し、世界を変容させることができるものなのです。

でも、残念ながら多くの人が、意識が世界を変容させる本当の力に気づいていないように思います。

光田　たしかに、そのとおりだと思います。

森井　意識の力に気づくことができないのは、地の理《ことわり》に囚われているからです。

光田　地の理、ですか。

森井　はい。地の理とは、天の理（法則）の一部であり、地上で学ぶための特殊な法則です。

例えば、
地の理では、富を人と半分ずつにすれば、自分の富は半分になる。

天の理では、富を人と分かち合えば、自分の富も相手の富も倍になる。

地の理では、物が主体。

天の理では、意識が主体。

地の理では、世界には光と闇など、二極が存在する。

天の理では、二元性は存在せず、すべてが一つに統合されている。

地の理では、すべてが刹那的なもの。

天の理では、すべてが永遠不朽なもの……。

これらの理は、本当は同時に働いているものの、人は地上に下りてくる際に天の法則のほうを忘れてしまいます。そして地の法則に囚われた人たちは、世界が不平等で理不尽なものだと思い込んで嘆き、やがて神の認識すら歪めてしまうのです。

光田　とてもよく分かります。私たちが大きく意識を変容させるためには、天の理を思い出さなければなりませんね。

森井　はい。私たちが意識を変容させ、魂を進化させるうえでの最初の関門が、この天の理を思い出して理解することだと思います。

もしもこの地上において、天の理を理解できたなら、苦しく困難な世界は、輝く美しい世界へと変容します。天の理が理解できた時、地上での多くの疑問は春の雪解けのように消えていきます。

地の理を超えて天の理を思い出す前に現れる壁を、「神理の扉」と表現する人もいます。この扉を開くことができれば、人生は果てしなく貴重で有意義なものであることを実感することでしょう。

光田　この場で語られる様々なことが、神理を理解し意識を変えていくこと、つまり神理の扉を開く助けとなれば、これほど嬉しいことはありませんね。

森井　そうですね。神理の扉は、ある人にとっては羽衣のように美しいベール、ある人にとっては鍵のかかった重い鉄の扉、その感じ方は様々でしょう。

そもそも、人の意識というのは外部から変えられるものではなく、内部から、自らの気づきによって変わっていくものです。しかし、自分で自分の目が見えないように、自分の自我も心では見えず、外側の世界の表現を通して知覚されるものです。そのため、変化するためにはやはり何かしらの外側からの刺激というきっかけが必要になります。

光田　ベールのような扉をそよがせる風、あるいは重い鉄の扉ならば重厚なドアノッカーを鳴らす音といったところでしょうか。

森井　素晴らしい表現ですね。

これまでも、エドガー・ケイシーのような存在が、光田先生や私を含め多くの人たちのきっかけとなり、人々の意識は確実に神理に従い生きる方向へと変化してきていると思います。

そんな中でも、光田先生ほどしっかりとケイシーからのメッセージを自分に対するものとして受け容れ、真摯に向き合って魂の進化を遂げられている方はそうそういらっしゃらないですね。

光田　それはいくらなんでも誉めすぎです！

ただ、かつては全くの唯物論者であり、霊の存在など頭から否定していた私が、ケイシーとの出会いによって霊を認めざるを得なくなり、考え方ばかりか生き方までも１８０度転換させられたのは紛れもない事実です。

「ケイシーに救われたのだから、今生はケイシーに捧げよう」と決意してからというもの、ただひたすらに信愛するケイシー先生を伝えること、それが嬉しくてここまで来てしまいました。

森井　私のように子供のような人間とは違い（笑）、まさに純粋な意識そのものだと感じます。そして、そんな光田先生のような方々が意識、そして生き方を変えることできっかけを与える側になり、さらに多くの人たちの意識が変化していくという好循環が、いままさに生まれ始めているように思うのです。

光田　その好循環の大きな原動力となるお一人が、森井先生に違いないと私は思いますが……。

それにしても、森井先生はオチャメなことをおっしゃいますね（笑）。霊性を鍛錬することで、この世の常識から自由になっていらっしゃるのでしょうね。

森井　私はいつもマイペースなのです（笑）。

今日は光田先生と、そして読者の皆さんとご一緒に、自らの内側へと繋がる神理の扉の向こうに広がる多くの叡智を味わい、意識の変化を感じ、様々な体験を楽しめたらと思います。

私は好奇心だらけの子供のようなところがありますが、光田先生がいてくだされば安心です。

光田　いえいえ、私も好奇心ならば引けを取りませんよ。森井先生の秘密に迫ろうとウズウズしてますから（笑）。

森井先生が自然の中を駆け巡るかのごとく、縦横無尽に霊性を発揮してくださることで、私たちも神理の扉を開き、その向こう側にある深い叡智を、目撃することができるかもしれません。「ユーモアの精神を大切にしなさい。主イエスはゴルゴダの丘に向かわれる時ですらジョークを飛ばされたのですから」というケイシーのリーディングもありますから、われわれも楽しみながら対談致しましょう。

森井　笑いはいいですね。東ベンガルの聖者アナンダモイ・マー大師も「できる限り笑っていなさい。笑いがあなたのハートから溢れて、世界を明るくするのが見えるようになるでしょう」と述べています。

これはなんとも、楽しいことになりそうです。

光田　この対談でどこまでお話しできるか分かりませんが、読んでくださる読者の皆さんにとっても霊性の鍛錬に役立つ、有意義なものになりますように。

時空を超えた師との出会いを求めて

光田　まず、前々から気になっていたことをお聞きしたいのですが、森井先生は動物たちの診療をなさり、その合間に勉強をなさって本も書かれて、さらに山にも登られて……。時間の使い方が素晴らしいのだとは思うのですが、それにしても一体どのような一日を過ごされているのでしょうか？

森井　生薬の勉強等をしていた45歳くらいまでは、毎日診察が終わってから１００～３００の論文に目を通していましたから、一日３時間くらいしか寝ていませんでしたね。生薬の世界はとても広く、この地球上にこんな素晴らしい植物や動物が無数にあり人の役に立っているのかと夢中になりました。

でも、最近は眠ることも大切にしていますし、夜中は瞑想の時間を極力とるようにしているので、以前に比べればずいぶんゆるやかな時を過ごしています。ただ、いまはホメオパシーの薬物事典『マテリアメディカ』の新装改訂版の製作が佳境であることもあり、期間限定で一日３時間くらいしか寝ていませんが。

光田　それは過酷ですね……。そういえば、先生は瞑想の達人だとよく聞くのですが、そのあたりに超人ぶりの秘密がありそうな気がします。いつ頃からどのような瞑想を実践していらっしゃるのでしょう?

森井　達人ではありませんが、できるだけ毎日実践するように心がけています。瞑想自体を始めたのは20代後半くらいの時ですね。
　瞑想を始めたいきさつはちょっと不思議な流れなのですが、実は私は生まれる前の記憶をかなり強く持った状態で生まれてきたのです。

光田　ほお、それはすごい!ぜひ詳しく聞かせてください!

森井　私は、中間生(前世と今生の間)のことを記憶していたので、生まれてすぐに「不自由な肉体に入ってしまった」と感じたり、生まれる前までは食事も排泄もない世界にいたのに、それをしなくてはならなくなったことに理不尽さを感じて食事を食べることを拒んだり、といったようなこともありましたね。

光田　よく大人側からすれば何の問題もないように見えるのに赤ん坊がぐずったりすることが

ありますが、本当はそのような理由なのかもしれませんね。

最近は胎内記憶や、さらにその前の中間生などの記憶を持っている子供たちが多く現れているといいますが、その記憶をいまも持っていらっしゃるというのはすごいことですね。

森井　私の場合はそれだけではなくて、その前、つまり過去生の記憶もあります。幼い頃のほうが鮮明だったのですが、今でも断片的には残っていて、今生に強く影響を与えている北米大陸で先住民だったときの過去生の記憶、それからインドにいた時の過去生、この時の一つの生では何かかなり悪いことをしたという記憶があるんですね。

その後ケイシーと出会うなどして輪廻転生について深く学ぶにつけ、過去生のことを反省して、今生ではできるだけ徳を積んでいきたいと思うようになりました。

光田　多くの動物たちを救い、人々の霊性の向上を促す著作を次々に発表されている森井先生は、すでにもう十分すぎるほど徳を積んでいらっしゃると思います。

森井　そうだとよいのですが（笑）。

それで、私は幼い頃からなぜか、過去生でヨガの師匠だった人にどうしても会いたくて、ずっと探していたんです。

光田　過去生でヨガを習っていた師匠を今生でも憶えていて、幼い頃から探していたというのは実に興味深いことですね。それで、出会えたのですか？

森井　はい。当時はインターネットがないのはもちろん、書店に行っても図書館に行ってもヨガの本なんてほとんど置いてありませんでした。子供ですから国会図書館の存在も知りませんでしたしね。

でも、8歳くらいの時に、突然ヨガの師匠たちが会いに来てくれたのです。

光田　「師匠たち」ということは複数ですよね。それはビジョンで会いに来てくれたということですか？

森井　ビジョンだったのかもしれませんが、睡眠中ではなく昼間の起きている時のことでしたし、私の感覚では本物が来てくれたとしか思えませんでした。光に包まれた何人かのお付きの方々とともに、上から降りていらした「その方」にお会いしたという、突然でほんのわずかな時間でしたがかなり強烈な体験でした。

そして、その時に自分の過去生での師がある程度はっきり分かりました。そして、その時来られたのは、師匠ではなくて、師匠の師匠の師匠の……師匠だったということも後に分かったのです。

光田　ずいぶん先のほうの、つまり、かなり高次元の存在だったのですね。

森井　はい。この時の体験をずっと鮮明に憶えていた私は、師匠とお会いしたい気持ちがさらに募りましたし、できればあの方にもう一度お会いしたいと思うようになりました。
　はっきりした顔も名前も分からないけれど、瞑想でもしてみれば何か分かるようになるかもしれない。そんな気持ちから、20代になってまずＴＭ瞑想を始めてみることにしたのです。

光田　ＴＭ瞑想（超越瞑想）というと、人間の全潜在力を目覚めさせる技法ということで、マハリシ・マヘーシュ・ヨーギー師によって世界中に広められた、ヒマラヤ（インド）で古来、受け継がれてきた伝統的な瞑想法ですよね。
　日本でもかなり多くの方が学ばれている瞑想法だと思いますが、それではマハリシ師が師匠だったのですね。

森井　いえ、マハリシ師は素晴らしい方ですが、残念ながら探していた師匠ではありませんでした。

でも、ＴＭ瞑想中に子供の頃に会った方とは違うすごい方が現れてくださいました。その方は私を人間のいない手つかずの太古の地球のような星に連れて行ってくれました。

そこで私が見せていただいた世界は、すべてが半透明に見え、２kmほど先に流れる清流の川底の石までもクリアに見ることができ、さらに遥か遠くに流れる川の川底の石の裏側にいる虫までもが見えました。さらにその虫も拡大したり、その虫自体に同化したりできたのです。

私のような未熟な段階ではあまり個人的な内的体験を喧伝することは許されないのですが、それは私の人生観を根底から変えるほどの体験でした。その後も様々なことがありましたが、こういった不思議で強烈な体験というのは、むやみに人に言うものではないということもこの時に教わりました。

光田　もっと詳しくお聞きしたい気持ちはありますが、おっしゃることも分かるように思います。

森井　後で調べてみると、このような超知覚には千里眼、天耳通《てんにんつう》、神足通《じんそくつう》（幽体離脱や瞬時に他の場所へ移動する能力）、他心通《たしんつう》（他人の心を読み取る能力）、宿命通《しゅくみょうつう》（過去生を知る能力）、死生智《ししょうち》（様々な次元世界と繋がることのできる能力）、漏尽通《ろじんつう》（聖者だけが持つ特殊能力）などいろいろなものがあるそうです。

ヨガの聖典を編纂したパタンジャリ大師は、これらの超知覚について、心の集中を助けになるものの、ヨガの道を進む上で身につく副産物のようなものであり、サマディにとっては障害となることもあると注意を促しています。同じように、禅においても、これらの能力の獲得を目的とすることは、大悟の妨げになると戒めています。

余談になりますが、この時予想外だったのは、それまで私は高次元から降りてくる方というのは、ギリシャ彫刻のような背が高く容姿端麗な存在だろうと勝手にイメージしていたんですね。ところが、光り輝いているその人は、チビでデブでハゲていて、ヒゲを生やしたおじさんだったのです（笑）。

でも、実はその方はTM瞑想を広めたマハリシ・マヘーシュ・ヨーギーの師匠だったと後で知って驚きました。人を見た目で判断してはいけないなと強く思いました。

光田　たしかに、それは大きな教訓ですね（笑）。写真か何かをご覧になって気づかれたのですか？

森井　はい。後から写真を見て、「あっ、このおじさんだ！」と（笑）。

もっとも、子供の頃に会った尊い方もマハリシの師匠も、自分から名乗られたわけではないですし、すでに亡くなっているので、本当に本人に会ったのかどうかを確かめるすべはありません。ただ、写真を見た私の感覚だけでなくその後に自分が導かれた流れからみても、出会ったのがその人であることはほぼ間違いないだろうと思います。

パラマハンサ・ヨガナンダ師と瞑想の実践

光田　ところで、結局のところ、会いたかった師匠はどなただったのでしょう?

森井　ＴＭ瞑想はいい学びになったのですが、自分にはぴったり当てはまりませんでした。そこで、もっと他の瞑想も試してみようと思い、あれこれ探して最終的に辿り着いたのが西洋におけるヨガの先駆者、パラマハンサ・ヨガナンダ師が１９２０年に設立したＳＲＦ（セルフ‐リアリゼーション フェローシップ）でした。そしてそこで、ヨガナンダ師こそが探し続けてきた師匠だと分かったのですが、時すでに遅く師は１９５２年に亡くなられていました。

光田　なんと！パラマハンサ・ヨガナンダ師だったのですか。

彼の生涯を描いた『あるヨギの自叙伝』は、多くの言語に翻訳されて長年にわたる世界的なベストセラーとなっていますが、実はヨガナンダ師の秘書として本の編集にも携わったローリー・プラッツ（Laurie Pratt）という女性は、秘書になる前にエドガー・ケイシーのリーディング受けているんです。

リーディングでケイシーは「あなたはいつか、インドのロイヤルファミリーに迎えられるだろう」と伝えました。それで周りの人たちはインドのマハラジャ（大王）の奥様にでもなるんじゃないかと思っていたのですが、実際にはヨガナンダ師に見出されて「私の本の編集者になってください」と依頼されます。彼女がいなければ『あるヨギの自叙伝』は世に出なかったかもしれません。

森井　ヨガナンダ師とケイシーがそのようなところで繋がっているとは、なんともすごい話ですねえ。まさにロイヤルファミリーに迎えられたのですね。

光田　そうですね。そんなヨガナンダ師が師匠だったと分かってから、先生はＳＲＦで瞑想を？

森井　はい。すぐにＳＲＦに手紙を送ってコースの申し込みをし、瞑想を学んでいきました。地道に二年ほど瞑想を続け、ある程度のレベルに達すると簡単なテストが行われるのですが、それにパスすると高度なヨガのテクニックであるクリヤヨガを学ぶことができるようになります。

光田　ＳＲＦでの学びは通信教育でなさったのですか？

森井　そうです。

光田　たしか日本にもグループがありますよね。

森井　そのようですね。ＳＲＦの瞑想法は、内なる静けさの中で平安や神の存在への気づきを得られる瞑想法としてかなりおすすめです。ＳＲＦでは偏った思想の押し付けなどはなく、純粋に瞑想やエネルギーを動かすテクニックを体系的に教えてくれるので、初心者から安心して取り組むことができます。今はきっと日本語のテキストなどもあるでしょうから、始めやすいと思いますよ。

私が始めた頃はまだ何もなくて、インターネットもない時代ですから、二週間に一度エアメールで英語のテキストが送られてきて、勉強するということを二年間続けました。唯一良かった点は、二年間でテキスト代と送料などの諸経費全部入れても、費用がたしか50ドルかからなかったんですよね。

光田　それはすごく良心的というか、どう考えても赤字ですね。おそらく当時のＳＲＦは、海外での実践者を増やしたかったのでしょう。

森井　そうだったのかもしれませんね。

光田　アメリカでは大変な人気で、著名人や政治家などもたくさん参加されていたといいますから、そういった方々のバックアップもあったでしょうね。

　ＳＲＦなどでしっかり瞑想法を学んで実践すれば、私たちでも森井先生のような不思議な体験をすることができるのでしょうか？　もちろん、それぞれにとって必要なものという意味ですが。

森井　最近は昔に比べると瞑想をしやすい「場」ができているので、まずは気負わずにトライされてみるといいと思います。

　瞑想は純粋なテクニックをしっかり学んだあとは、私自身もそうなのですが、基本さえしっかりと守れば、ある程度までは自分に合ったやり方にアレンジしても構わないものだと思います。一番大切なのは、無理せず長く続けることですから。

　個人的にはＳＲＦの瞑想法はお勧めですが、もちろんケイシー流の瞑想も素晴らしいものですし、そのほかにも多くのやり方があります。気に入ったもので構わないので、それらを入り口にしてまずは始めてみていただければと思います。

ただ、一点だけアドバイスがあるとすれば、毎日同じ時間、同じ場所で瞑想するのが一番効果的ですね。自分にとって快適なやりやすい時間帯と場所でいいので、同じ時間、同じ場所で瞑想することで、まず身体が慣れてくるんですね。そしてそれと同時に、瞑想というのは長く続けていくとサポートしてくれる存在が現れることがあるのですが、そのサポートも得やすくなります。

光田　それは大切ですね。この際一点と言わず、ほかに何か気をつけたほうがいいとか、やったほうがいいといったことがあれば教えてください。

森井　案外大切なのが、お腹は空っぽにしておくことですね。お腹いっぱいの状態だと瞑想ではなくて居眠りになってしまいます。

それから、最近「マインドフルネス瞑想」がすごく注目されていますよね。これも瞑想法のひとつではあるのですが、いまお話ししている瞑想とはとても似ているものの違う点もあります。

マインドフルネスでは、社会的な成功などといった人生の目標やゴールを定めて、それを充実させる目的で心を静寂に豊かにする論理的な技法だと思います。一方で瞑想や座禅は、社会的な目的やゴールはなく、ただ内在する神聖なもの、真我へ向かうための道であり、直感的な技法だと思うのです。

光田　同じ瞑想でも、マインドフルネスは西洋的、座禅や瞑想は東洋的というふうに感じられますね。

森井　たしかにそうですね。どちらが良い悪いということではなく、西洋と東洋の違いによるところが大きいと思うのですが、日本人の場合、物質的な目標や目的を持つことに慣れていないので、どうしてもエゴが入りやすくなる傾向があるんですね。もちろん人によるとは思うのですが、あまり目標設定などといったことは気にせず、崇高な理念を持って純粋に瞑想を深めていく禅や神道の世界が、日本人にはぴったりだと思います。

ケイシーは、「瞑想は、肉体を清め、心を鎮めて、霊的源に同調すること」と言っていたように思いますので、どちらかというとケイシー流の瞑想は東洋的なものなのでしょうか？

光田　そうですね。マインドフルネスは、精神性や宗教的な要素が取り除かれているために気軽にトライできるということで、多くの企業の研修などに盛んに取り入れられたりしているそうですが、それでは単なるテクニックになってしまう気がします。

しかし、そうであったとしても、瞑想を始める入り口としてマインドフルネスが流行し、多くの人が瞑想に取り組むようになっているのはとても素晴らしい流れだと思います。

森井　同感です。今の世界情勢は、外の世界にばかり目を向けて、自分の内面に問題を抱えて混乱したまま、世界の混乱だけを収めようとしています。でもそれでは、その先にまた新たな混乱を創り出してしまうことは明らかです。

世界の飢餓問題を解決したいならまず自分の食事を見直すことからはじめ、富の不均衡を改善したいならまず自分の貪欲さを消すことからはじめ、戦争をなくしたいならまず自分の心の中の攻撃性を昇華することから始めなければなりません。

現在世界中で戦争が絶えないのも、一人ひとりの心の平安が足りないからでしょう。ゴミ問題も環境汚染も、一人ひとりの心に無駄な虚飾と過剰な欲望が存在するからでしょう。心の汚染が世界の汚染に繋がっているのです。

光田　森井先生が絶えず瞑想を実践し、また人にも勧められる理由はそこにあるのですね。

森井　はい。瞑想やマインドフルネスによって多くの人の心が平安になり、すべての問題の根本解決の土台になっていけばといつも思っています。

瞑想の質を変えるアファーメーション

森井　それから、瞑想の準備としてぜひやったほうがいいと思うのはアファーメーションですね。アファーメーションとは、一般的には「自分自身に対する肯定的な宣言をする」ということになります。

私は長らくアファーメーションなんて必要ないと馬鹿にしていたようなところがあったのですが、その重要性に気づいたのは、実は、ＳＲＦのアファーメーションとエドガー・ケイシーが使っているアファーメーションに接した時なのです。

光田　そうでしたか。ケイシーは瞑想の準備として、まずはキリスト教の最も代表的な祈りである「主の祈り」を勧めています。

ちなみに、この「主の祈り」の使い方について、ケイシーは祈りの言葉に合わせて、私たちの超意識と結びついているとされる内分泌腺に意識を集中させて唱える方法を説いています。

実際にケイシーの勧める方法で「主の祈り」を唱えると、とてもパワフルになり、肉体にも具体的な反応が生じます。
そしてその後にアファーメーションを勧めているのですが、ケイシーの勧めたアファーメーションは、人により様々あり、実にバラエティに富んでいます。

森井 人によって様々だというのは素晴らしいポイントだと思います。
いろいろな方法があるので、それぞれにアレンジすればいいと思うのですが、アファーメーションによって、ある程度心構えをはっきりしてから瞑想に入っていくかいかないかで、受け取れるエネルギー量や情報量は格段に変わってきます。

光田 それは間違いありませんね。

森井 ヨガナンダ師の話によると、アファーメーションをよく理解して心を込めて唱えること、唱える時には、神から与えられた自分自身の力を固く信じ、そして発揮すること。これが重要になります。
すると、宇宙に遍満する神聖なエネルギーが確実に動いて、自分だけでは成し遂げられないようなことができる、困難が起きた時にそれを乗り越えられる助けを必ず得ることができるといいます。私自身、何度も山で死にそうになっていますが、その度ごとに助けてられてきたので、体験から身に染みています。

光田　体験に裏付けられた素晴らしいメッセージですね。

森井先生が実際に行われているアファーメーションというのはどういったものなのでしょうか？

森井　私は、アファーメーションを、神聖なるものに向けていく際の心の姿勢を整えるものだと思っています。そして、日常の瞑想の時のアファーメーションと山に入る時のアファーメーションでは全く違うことをしています。

光田　状況に応じて、最適なアファーメーションを選んでおられるのですね。

森井　そうですね。日常の瞑想の時のアファーメーションは、とてもシンプルな感謝を捧げるものにしています。ご飯を食べる前の「いただきます」に近い感じです。

一方、山に入る時には、時間をかけて歩きながら行うために、ゆっくりと一つひとつの所作を段階的に行うことができます。私の希望としては、できれば部屋の中ばかりではなく、時には山に入るなどして自然の中での心身の調律を行っていただきたいので、ごく簡単な流れだけになりますが山でのアファーメーションの話をしたいと思います。

まず、山を神聖な場としてみなすことから始めます。アファーメーションの際は、天地を創造した創造主、信仰している神様、グレートスピリット……、言い方は自由でかまわないので、まずは必ず「感謝」の気持ちを捧げることから始めます。ちなみに私は言葉では定義していません。うまく当てはめる言葉が見つからないからです。

続いて、一般的な儀式ではよく「供養」と言って、お花や果実などを備えたりしますが、物が目的ではないので、とにかく神聖な存在からお教えを受けるにあたって、例えば自分の体を天に委ねますという気持ちを作ります。

それから、これは山伏の人たちが山に登る間やっていることなのですが、「懺悔」、すなわち「修正」ですね。

光田 ほお！「懺悔」とは「修正」なのですか！

森井 そうです。私は、最初は懺悔なんて過去のことを考えるのは嫌だし、やる必要も全くないと考えていました。でも、実は懺悔というのは、過去の過ちを悔い改めるということではなく「修正」することだったのです。修正というのは、未来における行為を浄化するという目的があります。修正することによって、未来では同じ過ちを犯すことはなくなります。つまり、修正を正しく明るく行うと、未来において正しい道がはっきりしてくるのです。
そういった意味で、なんでもいいですから、自分の改善したい点を思い浮かべて謝ってみる。そして、その後に必ずしないといけないことが、逆に「褒める」ことです。何でもいいので自分のことを褒める、それから自分の身の回りの存在を褒める、この世界のものを褒める。あらゆるものを片っ端から褒めてもらってもいいと思います。
このような修正による過去と未来の浄化によって、意識は今へと集束しやすくなり、さらに今この瞬間のあらゆるものを賛美することによって、意識の焦点がこの瞬間だけになることを強化するのです。

光田　ありとあらゆるものを賛美するというのは素晴らしい。

森井　山の中に入ると、褒めるものしか見つけられなくなります。朝日に輝く木々や葉の上の朝露、透き通るような湧水、空に泳ぐ美しい雲、過酷な環境に咲く高山植物、朽ちた木の上に作られた苔の世界……。何もかもが賞賛するものばかりです。
こうしてあらゆるものを褒めることの繰り返しによって、すべてがひとつという意識が無意識の部分にでき上がっていきます。他人との競争心や優越感といったものも消えていくので、ぜひ習慣づけるといいと思います。

それから「勧請《かんじょう》」といって、天の法則を教えていただけるように決意表明するということになります。

続いて「祈願」。これは、高次元の存在たちに向けて、困難をサポートしてくれるように祈り願うことです。

最後に「廻向《えこう》」といって、自分の魂の進化や輪廻からの解脱に向かう行いが、すべての存在に役立つように、そして最高の悟りを達成できますようにと、しっかり決意をするということになります。

光田　流れをお聞きしているとアファーメーションというよりも、むしろ修験道などの儀式といった感じですね。

森井　そうですね。これはかなりざっくりとした説明ですし、私も以前どこかで教えてもらった内容を自分なりにアレンジして行っています。あくまでもやり方のひとつをご紹介したにすぎませんから、ご自身の最適なやり方を探求していただければいいと思います。
要は「基本的な心構えをしっかり整えて表明する」ことが目的ですから。無理して決まりごとに盲目的に従うよりは、自分で理解して自分に合うように設定し、無理なく楽しく続けることが大切です。こういった一連のしっかりした流れをこなしていくことによって、山に入った時に受け取る内容もエネルギーの量も、大きく変わってくることはたしかです。

光田　ありがとうございます。簡単にご説明くださるといってもとても具体的で、非常に参考になります。

エドガー・ケイシーの勧めた祈りと瞑想

森井　先ほどお話しくださった「主の祈り」から始まるケイシー流の瞑想法がとても気になるのですが、もうすこし詳しく教えていただけますか?

光田　分かりました。まず「主の祈り」というのは、イエスが弟子たちに祈りのやり方を教える時に使われたものですが、新約聖書「マタイの福音書」の6章に出てきます。クリスチャンであれば誰でもこれを教わります。

ただし、翻訳がプロテスタントとカトリックで少し違いますし、またそれぞれの中でも文語調の訳であったり、口語調の訳であったり、様々なバリエーションがあります。最近の新共同訳のものは、ちょっと甘ったるく感じられるので、私は日本語では韻律に優れた文語調のものを好んで使っています。こんな感じです。

天にまします我らの父よ、
願はくは御名《みな》の崇められんことを。
御國《みくに》の来たらんことを。
御意《みこころ》の天のごとく
地にも行はれんことを。
我らの日用《にちよう》の糧《かて》を今日もあたへたまへ。
我らに負債《おいめ》ある者を我らの免《ゆる》したるごとく
我らの負債をも免したまへ。
我らを嘗試《こころみ》に遇《あ》はせず
悪より救い出したまへ。
御國と御力と栄光は
永久《とこしへ》に汝《なんじ》のものなればなり。アーメン

森井　やはり素晴らしい祈りですね。

光田　ええ。この「主の祈り」だけでも、祈りとしては充分なのですが、ケイシーによれば、イエスは少数の弟子たちに、この「主の祈り」が本来のパワーを発揮するような祈り方を伝授された。そして、ケイシーはその祈り方をわれわれにも勧めたわけです。

具体的には、「主の祈り」の言葉に合わせて、人体の七つの霊的中枢――解剖学的には内分泌腺――に意識を集中し、それによって霊的中枢がバランス良く活性化するように刺激していきます。そうすると、言葉の波動と、言葉の意味と、そして意識を集中している霊的中枢の位置が一致するので、身・口・意の三業が三密になり、霊的中枢から力が溢れ出します。

森井　なんと、空海の真言密教の世界とも繋がりますね。

私は瞑想において身体の姿勢を整える時には、第三頸椎、第九胸椎、第四腰椎を意識するようにしていますが、これらは七つの霊的中枢との繋がりを感じます。

それから、聖音ＡＵＭを使ったマントラ瞑想でも同じ様に中枢との繋がりが意識されます。「Ａ」「Ｕ」「Ｍ」の三音は創造、発展、破壊を象徴する言霊です。Ａは頭にある霊的中枢の周波数に、Ｕはハートにある霊的中枢の周波数に、Ｍは丹田から第一チャクラまでの周波数に、それぞれ共鳴します。

この言霊は脳内を満たし、それから脊髄を通ってハートを拡げ、生命力の源泉に到達し、身体中が共鳴していきます。まるで、この宇宙にある万物万象の創造・発展・破壊を自分の身体を通して再現しているようなものです。このＡＵＭの波動が意識の深い部分へ浸透していくことで、至上霊である神との霊交へと繋がっていくとされています。

インドの聖典においては聖音ＡＵＭの唱え方はいくつかの方法があり、伝統的にはＡＵＭは三回一セットで唱えられます。最初のＡＵＭは高い音程で、二度目は中程度の音程、最後は低い音程です。これは全宇宙と人の三段階の周波数とを同調させるためです。

もちろん、これだけではなく様々な技法があるのですが、ケイシーの勧めた祈りの手法というのは、どういったものなのでしょうか?

光田　ここで少し実際にやってみますね。図を参照しながらお聞きいただくと分かりやすいと思うのですが、まず「天にましします我らの父よ」と唱える時には、脳下垂体に意識を集中します。解剖学的にもできるだけ正しい位置を意識して、そこに向かって意念を集中します。この時に、脳下垂体に明らかに充実が感じられるようになるまで待ちます。充実が感じられなければ、何度でも、「天にましします」と唱えます。

森井　これは唱える時の姿勢がとても重要になるのではないでしょうか。

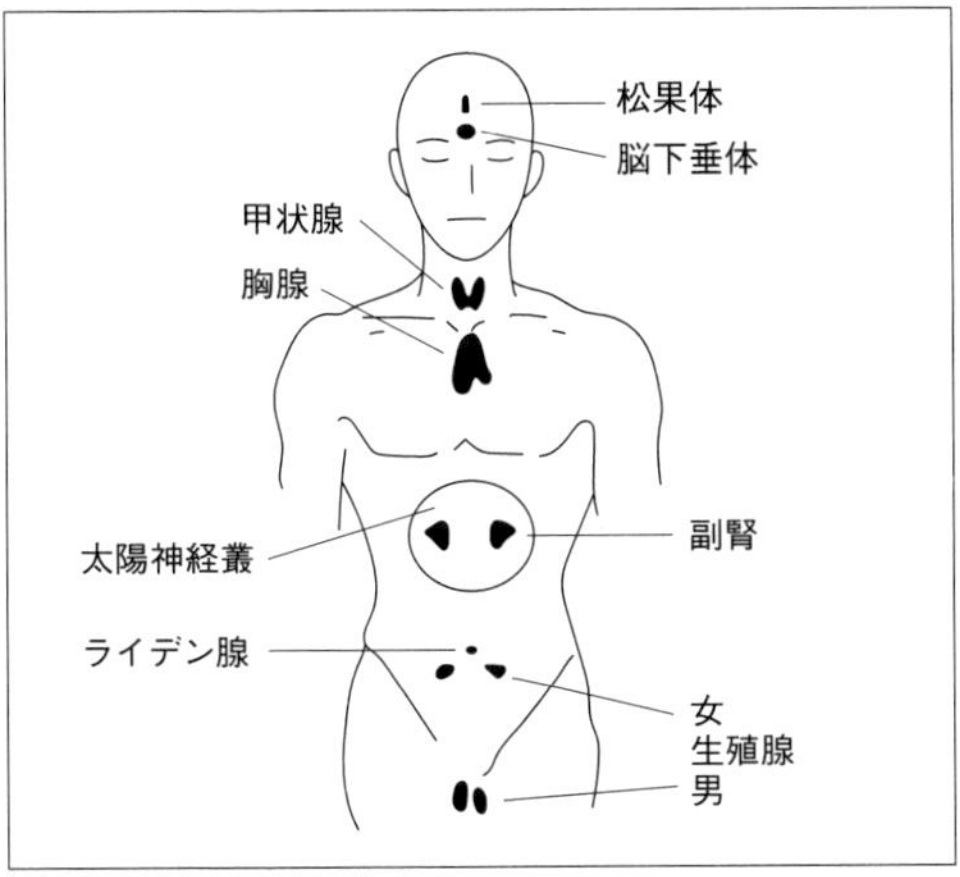

光田　はい。姿勢が悪かったり、頭の向きが悪かったりすると、充実が起きないので、あちこち体の向きを変えたり、首の角度を変えてみたり、あるいは体の中心線を東西南北のどちらに合わせれば一番良いか、ほとんど実験のような感覚でいろいろ試します。

そうして試しているうちに、自分にとって一番ふさわしい座り方であるとか、背筋の伸ばし方、首の角度が決まってきます。そして、その状態で、「天にまします」と唱えると、宇宙から崇高なエネルギーが自分の額を通過して脳下垂体に注がれるような感覚を覚えるようになるのです。

森井　その感覚をもって「充実」というのですね。たしかに、自分にとって一番ふさわしい姿勢を探すというのは、とても大切なことだと思います。インターネットなどの写真では、良い姿勢として左右対称の美しいものが掲載されていることが多いので、きれいな左右対称でなければならないと思っている人が多いようです。

でも実際には、人によって体の癖がありますし、そもそも身体の構造は左右対称ではありませんから。心臓はやや左寄りだし、肺葉は右に三つ、左に二つ、脾臓は左といった具合です。だから脊椎がすっと自然な形で上に伸びていれば、無理をして左右対称に拘らなくてもいいと思います。

光田　私もそう思います。そうして自分にとって最適な姿勢が定まり、そこで充分に充実を味わったならば、意識を脳下垂体から神経繊維にそって松果体まで移動させ、そこに意識を集中しながら「願はくは御名の崇められんことを」と唱えます。このときには、もちろん本当に「あなたのことを崇めさせてください」という気持ちになることが重要です。その意念をもって松果体に意識を集中するわけです。

するとそのうちに、松果体も充実を感じるようになる。それを味わったならば、今度はそこから延髄に沿って意識を降ろし、甲状腺のところに意識を集めます。そして「御國の来たらんことを。御意の天のごとく、地にも行はれんことを」と唱えます。ここで大切なのは「私の意志ではなく、おお、主よ、あなたの御心が行われますように」と本心から思えなければならないということです。

森井　そのような意識状態を実現するためには、自我を超えた真我、神に対する絶対的な信頼が必要になりますね。

光田　まさに、そのとおりです。主イエスへの敬愛の念があれば、「どうぞ私の小賢しい意志ではなく、あなたの御心が私の内に実現されますように」という意識になるはずです。そうすると、甲状腺に充実を感じるようになります。

続いて、甲状腺まで達している意識を、今度は、脊柱をゆっくり通過させながら、性腺まで降ろします。そして「我らの日用の糧を今日も与え給え」と唱えます。そうすると、男性であれば実際に睾丸が動くこともあります。とにかく、下半身にエネルギーの充実を感じるようになります。

そうしたなら、今度は体の前側を通過させながら、ライデン腺を飛ばして、意識をその上の副腎腺にまで引き上げます。あるいは中央の太陽神経叢《そう》に意識を集中する。そして「我らに負債ある者を我らの免したるごとく、我らの負債をも免したまへ」と唱えます。ここは怒りの腺であり、これを浄化しなければなりません。

ここに充実を感じるようになったならば、今度は意識を内側に回転させて、一つ下のライデン腺に意識を移動させます。そして「我らを嘗試に遇はせず」と唱え、今度は意識を上側に回転させて胸腺に移動させます。そして胸腺に意識を集中させながら、「悪より救い出したまへ」と唱えます。

そして胸腺に充実を感じるようになったならば、逆の順で、甲状腺、松果体、脳下垂体と順に意識を移動させ、それぞれの中枢で意識を集中させながら、「御國と御力と栄光は、永久に汝のものなればなり」と唱えます。そして脳下垂体から再び宇宙に向けて聖なるエネルギーを「アーメン」と唱えながらお返し致します。

森井　この「主の祈り」だけでとてもパワフルです。「アーメン」は先ほどの聖音ＡＵＭの変化形ですね。

光田　聖なる音というものは共通しているものですね。音と言えば、私が実際に祈りと瞑想で「主の祈り」を唱える時には、リズムと韻律の関係で文語体の英語で唱えます。

これは、当然ながら言語としての優劣の問題ではなく、最初の「天」という言葉にしろ「父」という言葉にしろ、日本語では唱える時に余韻を残すのが難しいのです。その点、英語では「Father」と呼びかけますので、余韻を残しやすい。なにしろ、「主の祈り」がうまく唱えられるかどうかは、最初の一文で決まりますから。ちょっと英語でやってみましょうね。

FATHER who art in Heaven
Hallowed be Thy NAME
Thy KINGDOM come
Thy WILL be done on Earth as it is in Heaven…

Give us this day our Daily BREAD
And forgive us our DEBTS
As we forgive our debtors
And lead us not into TEMPTATION
But deliver us from EVIL
For Thine is the KINGDOM
And the POWER
And the GLORY
Forever…
Amen…

森井　驚きました。この精妙なエネルギーの動きは実際に聞いてみないと、いや、実践して体験しないと分からない感覚ですね。光田先生はこの「主の祈り」からアファーメーション、そして瞑想をなさるのだと思うのですが、それはどのくらいの時間になるのでしょうか？

光田　私の場合、霊的中枢に意識を当てながら、主の祈りを口に出して数回唱えます。そして、その後で心の中で数回唱え、それからさらに自分に合ったアファーメーションを数回唱えて意識を引き上げます。

そして、祈りとアファーメーションによって私の身心に変化が生じたなら、そのまま主を讃える意識に入り、瞑想します。20代後半の練習中の頃は、1~2時間ほど試すこともありましたが、今は時間にして30分くらいです。

森井　やはり光田先生もしっかりと実践されているのですね。読者の皆さんにも、ぜひこれを機に瞑想の実践を始めていただきたいですね。

光田　そうですね。実践を重ねていかれるごとに、ここで語られているすべてについての認識が変化することを感じられると思います。

第2章 自然との調和

瞑想で見ることのできる光

光田　森井先生は、今はどのような瞑想を実践されているのでしょうか？

森井　ＳＲＦで学び、クリヤヨガの伝授を受けてからは自分なりの実践を続けています。でも根が怠け者ですからダメですね。

光田　怠けていたら、先生みたいにはなれません！

森井　何ごともあまり根を詰めてやるということがないんです。
どうも私は、きっちり完璧主義というのが向いていないようで、つい遊び優先になってしまいます。

光田　とてもそうは見えないですが。毎日きちんと瞑想されているし……。

森井　休息日は、ほぼ山に逃げていますね。

光田　いやあ、逃げているとはとても思えませんよ。SNSにアップされている写真や動画を拝見すると、美しさに引き込まれると同時に、とても人間が入れるような所とは思えない場所ばかりで、第一誰がどうやって撮っているんだろう？と不思議でなりません。
山に行かれるようになったのはどのような経緯で、いつ頃からなのでしょう？

森井　わりと最近で、この6年くらいだと思います。
ある時突然山に呼ばれた気がしたのです。直感というか、いますぐこの山に行かなければならないという思いが強いインスピレーションとして入ってきました。

光田　どこの山ですか？

森井　八ヶ岳にある権現岳です。ものすごく強く惹かれて、最初は犬と一緒に行くつもりだったのですが、とてもタフな犬なのに当日になって急に具合が悪くなってしまい、仕方なく麓に置いて一人で登ることにしました。

光田　権現岳というと、相当に高い山ですよね。

森井　そうですね。山梨県と長野県の二県にまたがる八ヶ岳連峰の中のひとつで標高2700メートル超の山です。

光田　山頂には祠が鎮座する磐座があるそうですから、昔から聖なる山として信仰の対象であったのでしょうね。

森井　はい。当時はそんなことは何も知らなかったのですが、後で体感として分かったのは、権現岳は特殊な山で、エネルギーが強く降りてくるような場になっています。霊峰は、人の心を神聖なものに向けさせる強い力を持つのですね。

八ヶ岳連峰には、20を超えるピーク（山頂）がありますが、権現岳だけはその周囲に衛星峰といっていくつもの山に囲まれています。八ヶ岳の他の山々は、直接目的の山頂に登れるのですが、権現岳だけは直接の登頂はできず、周囲の山を越えていく必要があるのです。

そして山頂にある磐座には、とても強く美しいエネルギーを感じます。かつては、この山は神様の領域として、諏訪藩によって長い年月立ち入り禁止とされてきたようです。そこでかなり強いエネルギーを受け取って、それ以来、晴れの日も猛吹雪の日もほぼ毎週権現岳に入らせていただくようになりました。

光田　めちゃくちゃ根を詰めていらっしゃるじゃないですか（笑）。

森井　それは呼ばれるので仕方がないことだし、それに山に籠ると面白いことができるということがだんだん分かってきたのです。

SRFの技法の中に五つの光が見えるようになる瞑想があります。瞑想中に眉間の少し上、1センチほど内側の第三の眼の部分を意識して瞑想することによって、金色の光の輪に囲まれた青い空間の中心に五つの閃光を発する白い光が出てきます。これは、神の中心にある原初のエネルギーが、五つの純粋な光に分かれて広がっていく様子なのです。

宇宙のすべての存在、すべての現象は、創造主から発する五つの純粋な光から構成されています。それは私たちが肉眼の目で見る光よりもはるかに微細なもので、すべてのエネルギーや目で見える光の源《みなもと》となっています。

この五つの光の中心が、神、あるいは宇宙の中心にある万物万象の源、「はじめに言葉ありき」と言われる、いわゆる原初の音の波動、エネルギーですね。

たしかエドガー・ケイシーもアカシックレコードに到達するために身体を離れる時に白い光を見ると聞いたことがあるのですが、それも同じ光ではないでしょうか？

光田　面白いですね。エドガー・ケイシーは晩年になるまで、リーディング中に自分がどのようなことを経験しているか自覚できなかったのですが、晩年になって、少しずつ、リーディングに至るプロセスを覚えておけるようになるんです。

それによると、目を閉じてしばらくすると、遠くの方に白く輝く点に気づくのだそうです。そして、「自分はその方向に行かなければならない」という気がしてきて、そちらに向かう。すると、そこは光の柱、光のトンネルのようなところで、ケイシーがその光の柱の下に行くと、体が上昇し始め、光の柱をものすごいスピードで、螺旋を描くような形で、ぐんぐん上昇するのだそうです。

上昇している間に、周囲の景色もどんどん変化していきます。最初は混沌としている暗い世界だったところが、徐々に明るくなり、植物が成長している世界に変わり、さらに動物のいる世界、さらにグロテスクな生命のいる世界、そして人間のいる世界、そしてさらに上に引き上げられると、記録の大広間と呼ばれる巨大な図書館、つまりアカシックレコードの収められている領域に到着するのだそうです。

創世記に描かれている6日間による創造のプロセスを、ケイシーはリーディングのたびに霊的次元で毎回経験していたのです。こうしてお話ししていると、森井先生の瞑想中の体験と繋がるように思えますね。

森井　たしかに繋がりますね。一つの白い光の源から放たれる五つの光は、拡がっていく際に、波動を下げていく過程で複雑に絡み合いながらエネルギー世界で万物万象を形成していき、最終的に物質次元で知覚できる万物万象として具現化していきます。

山では、この五大元素の性質を利用したさまざまな体験をすることができます。私は、この五つの光を自分に内在することを自覚して、探究を始めれば、魂は格段に進化していくと思っているのです。

光田　万物は木火土金水の五種類の元素からなるという、中国の自然哲学の五行思想にも似ていますね。

森井　表現の違いはあれ、大本は同じではないでしょうか。

何度も山に入ることで、山では無垢な自然界のエネルギーを利用して、この五つの光の性質（地水火風空）を一つひとつ丁寧に、体験を通して学ぶことができることが分かるようになりました。

『君が代』（ヒカルランド）の中でそれらの一端についてご紹介していますが、いまだに探求、検証は続いています。空海や最澄もかなりの期間、山に籠っていますよね。おそらくですが、今の自分と同じようなことをしていたのではないかと思います。

光田　空海や最澄も同じことをされていたのですか！
　その五つの光というのは、山に入って瞑想すれば、誰もが見ることのできるものなのでしょうか？

森井　はい。山に入らなくても瞑想の技法を忠実にやれば、誰でも必ず見ることができます。ただ、すぐ見える人もいれば、何年も毎日続けてもなかなか見られない人もいるでしょう。
　でも、それはどちらでもかまわないので、まずは実践していただきたいんですね。これは光田先生にはお分かりいただけると思うのですが、肝心なのは「見える」ことではなくて、その先の「体験する」ことなので。

光田　まさに、おっしゃるとおりだと思います。

森井　ありがとうございます。いずれにしても、瞑想する中で分かってきたのは、人の魂、霊性を効率良く進化させるためには、無垢な自然界のエネルギーを借りる、使うということが非常に重要というか最適だということです。
　現代では、人は自然界から離れて人工的な環境に埋もれてしまい、すっかり五感を鈍らせてしまっています。さらに、今の社会は五感を殺すもので溢れていることにすら、気がつかない状態なのではないでしょうか。

光田　たしかにそうですね。

例えば、Ｗｉ－Ｆｉなどによる電磁波の問題にしても、５Ｇと呼ばれる超高速ワイヤレス通信電波の導入により、より深刻になると言われていますし。

森井　一方で、山では五感を活かすものばかりです。太陽光は大気の波を通過しながら一瞬ごとに波長を変化したエネルギーをもたらし、木々は動かないように見えても内部は活き活きと活動している。滝や風はいつでも新しいエネルギーを運んできてくれる。何一つ停滞することなく、すべてが流動しているその状態を、私たちは五感をフル活用して感じることができるのです。

人は、現代社会で封印してしまった感覚を、神々しい体験の中で、再び鋭い感覚として蘇らせなければならないと私は思っています。エネルギーを正しく活用して真我の探求をしていきたいのであれば、自分に内在する感覚をしっかりと使っていくことが大切なのです。

感覚を目覚めさせて感受性が高めることによって、この物質世界という粗雑なエネルギー体の背後にある、精妙なエネルギーの素晴らしさを実感できるのだと思います。

もともとは決して身体が丈夫ではない私が、睡眠時間が少ない状態でも元気に休みなく働いていられるのは、山での活動によって精妙で強いエネルギーを受け取っているからだと思います。

光田 なるほど。森井先生の超人的なパワーの秘密は山にあるということですね。自然の中で、どのようにしてエネルギーを受け取られているのでしょうか?

森井 様々な方法があると思うのですが、私の場合は、インドの賢聖《けんじょう》たちが実践を通して示している、宇宙エネルギーを自分の肉体に取り込む方法を実践しています。詳しくはＳＲＦで学ぶことができますが、具体的には筋肉を使います。意思と筋肉の動きで延髄から生命エネルギーを取り入れます。

光田 延髄というのは、人間の霊的意識の中枢である、第三の眼と直結する部分ですね。

森井 延髄は、生命エネルギーが肉体に入る入り口になっていて、精子と卵子が受精した瞬間、最初に作られる器官とも言われています。延髄から生命エネルギーが入ることによって、小さな細胞がどんどん分裂し、成長して、人間の体を作っていくのですね。

エネルギー補給というと、ほとんどの人が食事から栄養を取ることだと思っていて、延髄から入る生命エネルギー、宇宙エネルギーというものを意識している人はごくわずかな人にかぎられるでしょう。食べるというのは外部から取り入れるエネルギーなのですが、宇宙エネルギーというのは意思の力で補給できるエネルギーなのです。

光田　森井先生のその素晴らしい肉体も、内側から湧き出てくる生命エネルギーから創られるものなのですね。

「薫習」と「抖擻」

光田　それにしても、海より山なのですね。

森井　山ですね。海も素晴らしいのですが、奥深くに到達することができないのです。クジラのように深海に潜ることができればいいのですが、人は基本的に陸上生物なので、やはり山の方が適しているのではないかと思います。

ちなみに私は海も大好きです。朝の光、波のリズム、海風、潮の香り、潮騒、美しいエネルギーの中での祈り……。

光田　海もまた、素晴らしいですね。

森井　もちろんです。私が山をお勧めしているのは、心の奥深くに到達することができるから。では、そこで何が重要かというと、人間のさまざまな想念の波動が完全にない場所、あまり人の来ない場所に一人で行って、大自然の純粋なエネルギーに浸りきることなのです。

　空の深さ、大地の力強さ、木々の生命力、風の自由さ、それぞれが奏でる美しい音楽があり、すべてが一体化して調和しています。大自然の奏でる音楽と共鳴することは、意識を純粋に保つよい方法の一つです。そして、そのような場で効率よくできることがあるということです。

光田　そこでしかできないことがあって、それをなさっていると。

森井　それらをまとめて、『光の魂たち』というシリーズの「山岳編」ということで本にしたいと思っているのですが、受け取る情報量が膨大であり、かつ言語ではないものを言語化していかなければならず、なかなかまとめきれていないのが現状です。

光田　では、その情報を心待ちにしている多くの方々の代表として、ここでその一端だけでも、なんとしてもお聞きしなければなりませんね（笑）。

まず、誰も来られないような、人間の波動がない場所に行かれるというのには、どういった理由、意味合いがあるのでしょうか？

森井　人は、外側の世界での経験と内側の世界の状態を照らし合わせて、意識的もしくは無意識に内観することで少しずつ学び、魂の進化が促されるのですが、多くの人の意識は外側の世界ばかりに焦点を向け、偏り過ぎています。

そのような場合、あえて大自然の圧倒されるエネルギーに触れてみる機会を作ることで、意識の焦点が内側に向く習慣がつき、日々の活動を有益に魂の栄養素とすることができるようになるのです。

光田　なるほど、意識の焦点を内側に向けることは、霊性の向上においてとても重要なことですから、その習慣がつくというのは非常に素晴らしいことですね。

森井　瞑想というのは、どんどん内側に深く入っていくものですが、それを本当の意味で達成するには、瞑想する環境を整えること、具体的には周りを純粋な調和したエネルギーで満たすということが非常に重要になります。

人間というのは社会の中で生活しているかぎり、影響を受けていないつもりでいても、無意識下で周囲の人々の波動にかなり強く影響を受けているものです。そこで、山に入ることで一度そういうところから完全に離れて、頭の中の知識や思考を空っぽにして、大自然の波動とできる限り調和してみるんですね。すると、心がすーっと整ってきて、必要な情報を受け取りやすくなります。

私たち人間を楽器に例えるならば、生まれた時には誰もがユニークで美しく精妙な音を奏でられる名器であると言えるでしょう。しかし、大人になるにつれて社会生活に影響され、やがては粗雑で人工的で不調和な音を出す楽器に変わってしまうのもよくあることです。

普通の楽器でさえ、定期的な調律が必要です。いわんや人間のような宇宙一と言ってもいいほど精密な楽器は、しっかりとした調律を行うことが必須であり、それによってより良いパフォーマンスが発揮できるようになると思うのです。

ところで、光田先生は「薫習《くんじゅう》」という言葉をご存じですか？

光田　お香の香りが衣服や身体に染みつくということだったかと。

森井　そのとおりです。いまではお香だけではなく、霧の中を歩いていると、霧の水分が体や衣服に染みついて、水分でしっとりとする、こういったこともいうのですが、薫習はそういった物質的なものだけではなく、エネルギーにも起こります。例えば、波動の高い良い友人といると、自分にも良い波動の影響を受けるといったことです。

大自然の中にいれば、自然界の精妙な波動が心身に浸透してきて、自分の中に無垢な自然界のエネルギーがずっと薫習して残ります。

特に山には、誰も来ないような場所がたくさんあります。そのような場所では、本当にピュアで無垢な、そして創造性が強くてポジティブで、美しいエネルギーが充満しています。ですから、意識的に神性なエネルギーを取り込もうという気持ちでいくと、本当にいい影響がどんどん残るのです。

私たちの身体は、地球と同じ構成要素でできています。お日様の暖かさと心や身体の温かさ、大空に広がり循環する空気と呼吸で流動する肺の中の空気、地表の七割を占める海の水と身体の水分、河川の水流と血液の流れ、身体を構成する素材と大地も、全く同じものであることを自覚して、エネルギーを取り込んでいきます。

光田　お話を伺っていると、美しいエネルギーに満ちた、大自然の中に身を置いているような心持ちになってきますね。

森井　それは素晴らしいですね。それからもう一つ、山では「抖擻《とそう》」という言葉も使われます。犬が川などで泳いだ後にプルプルッと体を震わせて身体についた水分を吹き飛ばしますよね。抖擻というのはその様子を表していて、そこから人間の心身についている様々な欲望、エゴを振り落として清浄にしていくことをも指すようになりました。

光田　都会にいるよりも山の中に身をおくほうが、心身から欲望が落ちやすいというのは、なんとなく分かるように思います。

森井　多くの欲望や低次元の想念というものは、地球の重力やたくさん人の想念が集まっている場所に引き寄せられていく傾向があります。逆に、山の中や無垢な自然の中では欲望は弱くなるので、そのぶん振り落としやすくなるのです。

山にはコンビニもスーパーも自動販売機もない、水が飲みたくても水道もない。必要最低限、自分で背負えるぶんだけしか持って行けない。そんな環境に入っていくと、不必要な欲望も自ずと振り落としやすくなります。

歩いているうちに、邪念や欲望といったものが全くなくなっていきます。一歩一歩、一人で進んでいくことで、集中力が養われていき、だんだんと無我の感覚になっていくんですね。少しずつ考えることもなくなってきて、周りの自然をただただ受け入れる状態になっていきます。

光田　山に入っていくことで欲望や邪念が取り払われて無我の状態になっていくということは、その道中もすでに瞑想をしているようなものなのかもしれないですね。

森井　ああ、たしかにそうですね。よくご神事などでお祓いをしますよね。実は山に行くとお祓いというのが全く必要ないのです。

実際に歩いてみれば分かりますが、ただ歩いているだけで強い風などのエネルギーでしっかりとお祓いされます。だから、なにか悪いものが憑いているなと思ったら、心を整えて山に入っていってもらえれば大丈夫です。

それから、人間は誰もが様々な、人智を超えた微細な特殊能力を潜在的に持っているのですが、その能力は欲望がある時には全然表に出てきてくれないものなんですね。でも山に入って、欲望がどんどん振り落とされていって心が静謐に包まれたときに、自然にその能力が出てきてくれるようになります。

光田　ケイシーも「霊能の開発を目指すのではなく、霊性の向上を目指すように」と述べています。霊性の向上を目指すことで、必要であればそれぞれが生まれ持った霊能があらわれることもあるということですね。

森井　そうですね。ですから、本当はこういった対談も、例えば冬の八ヶ岳の暖かな太陽の元でお話しすれば、欲望や邪念は抖擻され、素晴らしいエネルギーを薫習して良い体験がバンバンできると思うのですが（笑）。

光田　いやいや、私の体力ではそれは無理ですよ。だって寒いなんていうものではないでしょう？

森井　厳寒期の気温はマイナス10度以下で風速は20〜30メートルになることもあります。体感気温はだいたいマイナス30〜40度といったところでしょうか。

光田　お話しするどころか、私には、いや私だけではなくてほとんどの人がたどり着くのも無理な世界ですよ。

森井　無理なことは全くありませんが、これは本当に実際のところ、本気で行かれる場合は、危険な場所もありますのでガイドと共に、きちんとした装備で、それに登山のための保険にも入っておいたほうがいいと思います。

特に山奥へは、慣れないうちは一人で行くことは避けたほうがよいのですが、だからといってワイワイしゃべりながらというのは目的が違ってしまいます。せっかくの自然界の微細なエネルギーを見逃してしまうことになってしまいますから。

光田　それをお聞きして、安心しました。おしゃべりがご法度ということは、やはり対談は無理ですね（笑）。

真夜中の山で精霊と出会う

光田　森井先生は誰でもできるとおっしゃいますが、山というか、過酷な環境の山に入って、しかもそこで瞑想を行うというのはかなりハードルの高い行為のように思えるのですが……。

森井　たしかに、山に慣れてきちんと瞑想できるようになるには、相当な回数と時間がかかりますね。

光田　どのくらいで慣れるのでしょう？

森井　人によると思います。
　例えば私は仕事が忙しいので、東京で仕事を終えてから真夜中に山に入ります。夜中の高い山、登山道でもないところを登っていきますので、誰一人歩いていません。私の場合はそういうところに30〜40回くらい通ったところで慣れてきました。同じところに向かって行くので、何度も通ううちに大きな岩の一つひとつ、木の一本一本にいたるまですべて覚えてしまいます。
　同じ山に通うようにすれば、山の遭難で最も多い道迷いの心配もなく、時間配分や体力配分を行いやすく、緊急時にも冷静に対処しやすいという利点があります。そして何よりも、見えない存在たちのサポートを受けやすくなると私は感じています。

光田　瞑想の時間帯をなるべく同じ時間帯にするのと同様ですね。
　それにしても、やはり慣れるには相当な回数通わなければならないのですね。ちなみに、懐中電灯などは使わずに行かれるのですか？

森井　基本的にはヘッドライトを使います。新月の日は使わないと無理ですが、満月の日などは使わないこともありますね。ちなみに、満月の光だけを浴びながら歩くムーンライトウォーキングはお勧めです。月の力を体感することができます。
　話は戻りますが、夜中の山行では、五感が目覚めやすくなります。ほとんどの人は、ふだんは視覚を中心に生活していると思います。でも夜中の山では、その視覚に意識がいく割合が減って、聴覚もよく使うようになり、また他の感覚にもまんべんなく意識がいくようになります。
こうして感覚器官をフル活用するということは、無駄な頭の妄想が減り、感受性が高まることに繋がります。私の場合、夜中の山行に慣れて感受性が高まってきた頃から、精霊さんが出てきてくれるようになりました。

光田　おお！それはすごい！
精霊はどういうところで出てくるのですか？

森井　最初は風の吹き方が違うとか、葉っぱの揺れ方が違うとか、そんな合図の仕方をしてくれます。何十回も夜中に延々と歩き続けているうちに感覚が鋭くなっていきますから、いつもと違うことがすぐに分かるんですね。

光田　なるほど、何度も通って慣れていないと気づかないということですね。

森井　特殊能力を持っている人なら、すぐに分かってコンタクトが取れるのかもしれませんが、私のような凡人はやはり何度も繰り返し通って慣れないといけないし、目的意識を強く持って、ある程度素直な心で行かないと精霊たちは出てきてくれないように思いますね。

光田　そもそも、夜中に高い山に登っているということの過酷さを考えると、相当強靭な目的意識が必要でしょうし、さらにはその精霊たちの小さく精妙な合図に気づくには非常に純粋な意識が必要なのでしょうね。

精霊たちには歓迎されているイメージですか？

森井　私はそう感じています。

これは夜だけのことではありませんが、山に入るということは、すこし道を間違えると大げさでもなんでもなく死に直面してしまうことに繋がります。

光田　それはそうでしょう。先ほど森井先生が、最初のうちは一人で行かずに、きちんと装備をして保険も入ってから山に入るようにとおっしゃっていたのは、やはり当然のことだと思います。

森井　そういった物理的な準備はもちろん、何より大切なのは、先ほどお話ししたアファーメーションといった心の姿勢をきちんと正すことですね。

　そのうえで怖がったり不安がったりせずに、素直な心、純粋な意識をもって何度も通っていると、例えば、ものすごい強風が吹いていても、ほんのすこし足が滑ったら崖から数百メートル落ちてしまうような場所を通るその時だけはピタッと止んでくれる。吹雪の中座って瞑想していると、そこだけにお日様が当たったりしてくれる……、そういったかたちで精霊というか、様々な見えない存在たちが助けてくれるんですね。

光田　そういえば、エドガー・ケイシーのリーディングを受けた人の中にも1人精霊に会う女性がいたんですよ。彼女は小さい頃からそういう精霊を見ることができたようで、ケイシーは「今あなたが見ている精霊の様子を絵に描いておくといい」というアドバイスをしたそうです。ケイシー自身も小さい頃、7、8歳くらいまでは精霊を見ることができたようです。

森井　それはきっと素直で無垢な心、純粋な意識を持っていたからでしょうね。私の場合は、直接目で見えるということではないのですが、存在をはっきり示してくれます。風の向きが急に一瞬だけ変わるとか色々な方法で示してくれるんですね。

　だから、今のところ私は、羽の生えたきれいな妖精のような存在は見たことがないです。

光田　そういう形で見られる方もいらっしゃるということなのでしょう。それぞれの人に見合った造形であらわれるものなのかもしれませんね。

言葉を超える体験を

光田　お話を伺ってきて、山に入り気づきを得ることのすばらしさは非常によくわかったのですが、急にその域に達するのはなかなか難しいように感じられますね。実際、「私たちにもできますか?」と何度かお尋ねしましたが、お答えから察するにやはり相当に過酷なように思われます。

霊性の進化に向けて、私たちにも実践できるようなアプローチというのはないものでしょうか?

森井　そうですね。素直で無垢な心、純粋な意識、純粋な感性、そういったものが魂、霊性の進化には不可欠です。そして、それらすべてが存在するのが山というか無垢な自然の中なのです。

「無情説法《むじょうせっぽう》」という言葉があります。

山、岩、日光、風、植物たちや動物たち、流れる水など、自然界にあるすべての存在は、あるがままに天の法則にしたがって存在しています。大自然の中に入り、あらゆる存在から、天の法則を教えてもらうことが無情説法です。多くの人は、説法というものを、ためになる話を聞くことだと思っているようです。でも、説法の本来の目的は文字通り、天の「法を説く」ことにあるのです。

光田　たしかに、エドガー・ケイシーもリーディングの中で「神が万物万象を創造したのは、人の魂を進化させるため」と述べています。

森井　自然の中での体験を通して積極的に天の法則を学び、理解していくことは、間違いなく人の魂の進化を促進させると思います。

まずはとにかく時間を作って、無垢な自然の中に身を置くことから始めてみるのはいかがでしょうか。高い山に登ったとか、険しい岩壁を登ったなどということは、どうでもいいことです。どんな山でも、小さな裏山でもいいのです。日常から離れられる、開放感があって安心できるような、そして誰もいない心安らぐ場所であればそれで十分です。

そういう場所で、太陽の輝き、空に浮かぶ雲、心地よい風や樹木や草、鳥や小さな生き物たち……。あらゆるものの美しさというものを、考えずに、ただ体験していきます。その体験の積み重ねが、感受性を高め、純粋な知覚を育み、強化していくのです。

光田　思わず目を閉じてお聞きしていたのですが、目の奥に情景が浮かんできますね。森井先生が撮られたお写真が非常に美しく感動的で、本物が立ち上がってくるようなのは、そこにあるエネルギーを映しとっていらっしゃるからなのでしょうね。

森井　それを感じていただければという思いでアップしていますから、そう言っていただけると嬉しいですね。でも、せっかく肉体を持って地球に降りてきているのだから、やはりその肉体をフル活用して様々なものを体験していくことが大切だと思います。言葉を超えた領域での体験ですね。

意識していないと思いますが、いまはほとんどすべての人が、「言葉の奴隷」になっています。そして、言葉の奴隷になりながら、言葉を超えたところにあるものを探求しようとしています。

現代社会ではすべての人が、あらゆるものを言葉で定義してしまいます。思考も言葉で作られたものです。

しかしそれは、鳥かごから出ないまま、空を飛ぼうとする鳥のようなものです。大空を見たことのない鳥が、かごからでるのを怖がるように、人は未知のものに恐怖心を持つと、言葉や理論に囚われて安心しようとしてしまうのです。

光田　未知のものを言葉で定義して、思考により理論付けを行って、それで分かったつもりになり、安心する……。言語が思考を規定する。これは非常に危険なことですね。

森井　はい。実体の本質は、言葉で定めた時点で、人の認識から失われてしまいます。もちろん、言葉は、心の生み出す子供のような大切なものです。言葉にその人の在り方が表現されます。でも、言葉は心そのものではないのです。

ほとんどの人は、先入観や偏見や知識、経験というフィルターを使って物事を見ています。それは青空や星空を見るのに、知識や経験という厚い雲を通して空を見ているようなものです。

光田　知識や経験を手放して本物の無垢な自然に触れ、そのエネルギーを感じて、「言葉を超えた」体験をすることで、宇宙の法則、天の理、神理を意識して感じてみるということが、とても重要ですね。

森井　頭だけを使って知識ばかり追求して、本を読んでいるだけでは、理論的、理屈的になってしまって純粋な感覚を忘れ、愛する力もどんどん鈍っていきます。人を嫌うときにハートで嫌えるでしょうか?おそらく頭で嫌っていると思います。

本はもちろん、伝達手段として最も優れた方法の一つです。ただ、すべて言葉で伝えなければばならないという制約があります。言葉にすることで、さらに個々の理解力の制限によって、人智を超えた情報の多くは失われていきますから、その点に関しては一つずつ体験して理解していくしかありません。

そしてそのためには、純粋な感覚を養い、言葉を超える体験を積み重ねることが重要なのです。逆説的ではあるのですが、それをすることよって初めて、本当の意味で様々な叡智が読み解けるようになっていきます。それができないと、言葉の奴隷の状態から解放されないまま、表面的な言葉の意味だけを一生懸命解釈する、ただの言葉遊びになってしまう。それでは本当の意味が理解できるはずがないのです。

光田　お話を伺ったりお写真を見ているだけで理解できることではない、実際に体験しないと分からない、ということですね。

そして、そういった経験を経ていくことで、言葉の奥にある深い意味が自然と読み解けてくるというのは、ケイシーのリーディングを読み解いていくうえでも、大変重要なことだと思います。

森井　同感です。その体験を積み重ねるのに最適なのが大自然の中であり、しつこいようですが山なんです！

人工の不自然な環境、不自然な社会の中に浸かり、本来持っているはずの心身の健全さや純粋さにさえ気づかずに、さらに自ら不自然さを追い求めてしまうという生活では、魂の飛躍的進歩は望めないと思いませんか？

まずは、自分の心に眠っている驚くほどの純粋さに気づくためにも、そして心身の健全さを保つためにも自然と一体化することをぜひ試みていただきたいのです。

「冷暖自知《れいだんじち》」という禅の言葉があります。全く水を見たことがない人がいたとして、その人に水を教えるには、写真で水を見せるよりも実際に水に触れてもらった方がいい。写真だけでは、水の冷たさも温かさも分からない。飲んだ時の感覚も分かりません。

光田　でも水に触れて、水を飲んでみれば、一発で水について分かる。

森井　はい。現代社会というのは情報一辺倒になってしまっていて、水の写真だけで水を覚えるとか、認識するということが一般的になってしまっています。情報だけ集めてきて、知ったつもりになって満足する人たちというのが、ものすごく増えているのです。

でも、頭の中に構築した知識と、体験による学びから得た智慧というのは全く別物です。もっと言うと、別物なだけではなくて、過剰な知識の追求というのは、純粋な感覚を閉ざしていってしまいます。さらに、知識ばかりを追求していると、やがて動物を愛する力、植物を愛する力、人を愛する力も弱っていってしまいます。それはハートに在るべき意識までもが、頭へ移動するからです。

どんなことでも実践的体験を繰り返すことで初めて真から理解できるのだと思います。

無垢なエネルギーと関わるすべての体験から得られる気づきや学びというのは、魂の深いところに定着して、美しい進化を促してくれます。人間の肉体もこの地球の素材からできている自然そのものなのですから、無垢の自然界のエネルギーと接して薫習していくというのは、本当に重要なことなのです。

人間の魂が進化する瞬間

光田　ケイシーは深山幽谷に入って厳しい修行をしなくても、日々起こってくる人間関係などの日常生活を通じて魂の成長を実現することができると主張しています。

一見すると森井先生のお話と矛盾するようなのですが、森井先生はその日常での魂の成長をより深くレベルの高いものにするために山に入ること、自然と接することを勧めていらっしゃるのだと理解することができました。

森井　そのとおりです。今の世界においては、ずっと山に籠ることは現実的ではありません。最も大切なのは、日々の生活、そして瞑想や祈りです。私が山をお勧めしているのは、自然の中で心身を調律し、毎日の瞑想に刺激を与えて、楽しくわくわくしながら日常を過ごしていくためです。

日常の中であっても、「今」この瞬間を生きるには、純粋な感覚が中心でなければなりません。知識や偏見を通して物事を見ることは過去に意識を置いていることになります。

子供の頃は、何を見ても、何をしても、世界が輝いて見えたはずです。川があれば水に飛び込み、木があれば登ってみる。屈託なく、どんなことでも純粋に楽しめたはずです。

それが大人になると輝きが色あせてくる。そして、表面的な喜びに代わってしまう。それは人生の中で、多くの知識や経験、概念を身に着けてしまったからです。言葉の世界という表層意識の中に囚われてしまったからです。

光田　たしかに、子供たちが無垢で純粋なエネルギーにあふれているのは、今を生きているからこそに違いありません。そういえば、森井先生もなんとも魅力的な、子供のような純粋さを持ち合わせていらっしゃいます。

森井　私の場合は、どちらかというと野生児という表現がぴったりだと思いますが（笑）。

いずれにしても、現代社会は、人工的なものばかりに囲まれています。そういった環境だけにいて、純粋な感覚を保ち、感受性を高い状態に留めるのは難しいと思うのです。

人が外からの影響を受けることなく一つのことに集中する時、時間も空間も超え、言葉を超えた瞬間がやってきます。その瞬間から始まる静寂な感覚、新鮮なエネルギー、自分の内側から湧き出てくる光……。

外側の世界で肉体を使った体験を通して、自分の中にある内在神の領域に入る体験。それを体験すれば、今までの迷いは霧が晴れるようになくなり、本当の幸せとは何かということも自然と理解できるようになります。

それを最も効率よく、強烈に体験できるのが、大自然、特に創造的エネルギーに満ちた山なのです。

光田　たしかに、自然の中に身を置いていると、エゴによる苦しみがとても小さなものだったことに気づき、自然と消えていくことがありますね。それを積み重ねることで心身の不調和が解消され、日常生活での様々な困難に出会った時の感じ方、対処の仕方も自ずと変わってくるに違いありません。

しかし、知識や偏見、私の表現ならば物を重視する方向に傾きすぎてしまった現代においては、多くの人にとって、少しずつの体験では不調和の解消が難しくなっていることはたしかでしょう。山での体験は、純粋な感覚を瞬時に取り戻す、いわばショック療法のようなものなのかもしれませんね。

森井　神々しい環境に身を置いてみるのは、とても良いことです。神々しい環境とは、神聖な大自然の創造的エネルギーに満ちた場で、万物すべてが活き活きとしていることです。まさしく神のエネルギーが表現された場所だと思います。私は、そのような自然界に身を置くことでたくさんのことを学んでいます。

大自然の仕組みが完璧であり、無限に学ぶことがある一方で、人間にしかできない優れたところがあることにも気が付きました。それは、人間は、どんなこと、どんなものでも「価値あるもの」に変容させる能力を持つということ。

自然界にいると、多くのインスピレーションを受け取ることができます。人が本当に美しく、そして聡明になるのは自然の中で調和した時なのです。

光田　ただただ大自然が素晴らしいというだけではなく、人間にしかできないことを発見されたのですね。

今の社会の中では、ともすれば人間は地球にとって害悪でしかないというふうに思われがちですが、やはりわれわれ人間も自然の一部なのであり、その本体は魂という永遠不滅の高貴な存在なのだという確信がいよいよ深まりました。

　自然の中で調和した時とは、すなわち神理の扉が開き、魂が進化する瞬間なのでしょう。山のことを書かれた書籍が世に出る前に、これだけのお話が伺えたのは実に幸運でした。ありがとうございます。

第3章

医療の本質

エネルギー体を調和へと導くホメオパシー

光田　これまでもお話の中に何度か出てきましたが、森井先生のご専門であるホメオパシーについて、もう少し詳しく教えていただけますか？

森井　ホメオパシーは、自己治癒力を強力に刺激して、自らの治癒を促進させていく高度に体系化された治療法の一つです。今から200年以上前にドイツ人医師サムエル・ハーネマンによって確立されたもので、人にも動物にも優しく、様々な疾患や未病段階にも効果的です。
レメディと呼ばれる主に自然界のさまざまな物質を希釈振盪《きしゃくしんとう》して調整したものを投与します。その際、現在の心身の症状と同じような症状を引き起こす物質を選びます。

光田　希釈振盪したレメディを患者に与えるというのが、ホメオパシーという治療法の根幹になるのですね。

森井　そうですね。
実は、ハーネマンがホメオパシーを臨床の現場に使い始めた最初の頃は、あまり希釈せずに使用していました。ところが毒性の強い薬草を与えた時の患者の反応を観察すると、濃度の濃いものでは毒性が強く、容態が悪化することがありました。そこで、毒性を減らすために試行錯誤しながら、最終的に希釈してみたところ、副作用が消えただけでなく、好転する生体反応のみが増強されることを発見したのです。

さらなる観察と研究で、振盪を繰り返しながら希釈すればするほど治療効果が高まり、かつ物質の持つ潜在的な力を引き出すことを発見するに至りました。ハーネマンが、希釈の際に、振盪することにしたきっかけは、馬の背中に乗せた液体の薬の効力が変化したという些細な出来事の観察からとも伝えられています。

現在この希釈と振盪によって液体中に大小さまざまな渦が発生してエネルギーが細分化されながら、正確により小さな渦へと伝達されていくことが科学的に証明されています。ホメオパシーでは、このエネルギーが細分化される過程で、原物質の隠れていた薬効を引き出すことに成功しています。

光田　まことに神の支援というのは、些細なことの中にあるものですね。

森井　はい。そういったことに気づけることが本当に大切ですね。

さらに、ハーネマンは人生の崇高な目的のためにホメオパシーを使うという、当時には珍しく高い理念を掲げていました。そしてホメオパシーの基本原理の一つである「類似のものによって類似のものを治す」という考え方は、古くから存在し、記録に残るものでは紀元前に遡り、現存する世界最古の医学書であるアタルヴァ・ヴェーダにも記載され、また「ヒポクラテスの誓い」で有名な、医学の父と呼ばれる古代ギリシャのヒポクラテスによっても提唱されていました。

光田　やはり、ケイシーの主張とも相通ずるものを感じます。

現代医療的なアプローチも行いながら、ケイシー療法をはじめ様々な治療を併用される中で、その中心としてホメオパシーを選ばれているのには、どういった理由があるのでしょうか？

森井　理由はいろいろありますが、まずは現代医療の限界を見たこと、ホメオパシーの幅広い適用や肉体だけでなくエネルギーも含めて生体全体を治していくこと、そして動物に対する効果が非常に分かりやすいというところが大きいですね。

光田　ホメオパシーは動物にも有効なのですね。否定する人はよく「レメディは偽薬であり、効果があったとしても思い込みによるプラシーボ効果に過ぎない」などと言いますが、動物には思い込ませることなどできませんよね。

森井　動物にプラシーボ効果のような心理的作戦は効かないと思います。さまざまな動物にホメオパシーは使われており、多くの論文や症例報告が発表されています。犬や猫だけでなく、牛や馬、豚などの大動物からラットやマウス・ウサギ・カエルなどの実験動物、七面鳥や鶏などの鳥類まで様々な症状や未病段階での発病阻止に対して有効との研究報告例があります。

私のクリニックでは、外傷からがんまで幅広く様々な症状にホメオパシーを使いますが、例えばがんでは、抗がん剤などの一般的ながん治療と比較しても、より良い効果を出しています。私は、外科手術はよく併用しますが、抗がん剤は使いません。それでもホメオパシーを始めてからは、がんの完全治癒例を見ることが明らかに増えました。

一般の医療では、手術でがんを摘出したり、抗がん剤や放射線でがんを潰していくという方法が採用されます。でも、がんを作り出した生体内のエネルギーはそのまま放置してしまっているのです。

光田　そのとおりですね。がんを取り去っても、原因が取り除かれていないのでは治癒とは言えません。

森井　はい。どんな病気でもまずはエネルギー領域での異常から始まります。だから目に見える部分だけ取ったり、破壊しても、がんを作り出す体質はそのまま残ってしまいます。ホメオパシーでは、よく外科手術と併用しますが、がんを作り出すエネルギーに対する治療も行っていきます。

光田　がんの完全治癒例が見られるということは、レントゲンで腫瘍がなくなったのを、目で確認できるんですか？

森井　ええ。もちろん動物に対する臨床においてですが、実際にレントゲンだけでなく、MRIやエコーなどさまざまな検査を行います。

光田　それはすごいですね。

森井　ただ、がんをはじめとする難病の場合には、なるべくこまめに来院してもらい、毎回丁寧に体を触って心身の状態をしっかり診るようにしています。動物もストレスが原因で病気になりますが、人間と違って何にストレスを感じたのかが明確ではないことが多いし、重篤な病気でも元気な場合もあるので、よく見ていないといつ症状が急変するか分からないのです。

人に対するホメオパシーでは、患者さんの話す言葉を重要視して患者中心の医療を行なうのですが、動物たちは言葉が話せないので、しっかりとした検査や体を触って感じ取ることがとても重要になります。

光田　人も動物も、同じ症状であったとしても各々個性や特徴によって原因が違いますし、それゆえ当然治療法も違ってきますからね。

ケイシーのリーディングによる治療法も、「すべての人に効果がある」などという指摘があるものについては容易に取り入れることができるのですが、特定の個人の健康問題に関するものについては、それこそ過去生までも含めた病気に至るまでの背景があってのことですから、同じ病気だからといってただちに適用できるとは限りません。

森井　はい。細かな症状やその原因、患者さんの体質や個性などによって、例えば喘息では500種以上、関節炎では1000種類を超えるレメディが処方される候補として考えられます。その中から最も合うものを様々な角度から探していくのです。

現状の医学においては、身体面の病気に重点をおきますが、ホメオパシーでは、生体全体の個性を重要視して、個々に現れる症状の違いを慎重に考慮していきます。現在の病名診断を中心とした医療では、性格や体質による病態の違いを無視したままで治療が行われますし、対症療法中心の治療だけでは、真の治療・真の治癒はできにくいと考えるからです。

中医学では、病気を「標」と「本」に分けます。「標」は表面に現れた症状です。「本」は病気の本質、本当の原因です。そこで、病気を治すには必ず「本」を求めることが基本とされるですが、ホメオパシーも同じです。

光田　現代医療は「標」の治療ばかりが注目されがちだということですね。

森井　はい。それから、ホメオパシーの大きな特色のひとつとして、過去に遡って治療ができるという点も挙げられます。

例えば胃潰瘍の人がいたとして、現代医療では、胃の粘膜を保護したり胃酸を止めたりというように胃という臓器を集中して治療しますよね。でも、もしその原因が例えば仕事で上司に激しく怒られたことによるストレスだった場合、胃薬を飲んでいても上司に怒られた心の歪みが残っていれば、また再発してしまうのです。

ではどうすればいいかというと、上司に怒られたというストレスが胃潰瘍に繋がったというメカニズムを直せば治る。過去に上司に激しく怒られた時から胃が痛くなったという場合は、その時の気持ちに遡って治すレメディを与えるとみるみる胃が治っていくのです。

このように、時間を遡って過去に生じた心やエネルギーの歪みを治療していくということと、もうひとつは漢方や中医学と同じで、症状ではなく病気の本当の原因に注目してそこを治していき、そうすることで症状が自然に消えるという治療になります。

光田　今の医学ではあまり受け入れられないタイプの治療法ですが、ケイシー療法と同様にこれから大切になっていくものですね。

森井　そうですね。

ホメオパシーでは、肉体を目に見える魂の一部、エネルギー体の眼に見える部分とみなします。健康体を維持し、病気から回復したいのであれば、身体は完成され固定された肉の塊ではなく、意識と思考に敏感に反応する物質化した魂であると考えておいた方がいいでしょう。なぜなら、身体が不調になるのも治癒するにも、意識が大きく関与しているからです。

肉体は、広い視野でみれば、魂と同じように霊的な存在です。そして、魂は霊的な存在であるとともに、肉体と同じように自然界の一部分でもあります。

だからケイシーは、人のことを肉体もエネルギー体も魂も含めて「実体」という単語を使っていたのだと思います。

光田　そのとおりです。ケイシーは、「肉体は魂の神殿である」と主張し、肉体を神殿として大切に扱うことを求めます。

スピリチュアルに傾倒しすぎて肉体を軽んじる人がいますが、肉体も尊い魂の表れであることに変わりないということは、忘れてはならないことですね。

ホメオパシーが受け入れられない理由

森井　ハーネマンはホメオパシーを利用するにあたって崇高な目的を明確に定めています。同じようにインドには、古くからシッダ医学というものがあります。シッダ医学は、聖者（シッダ）からの知識を継承した医学とされ、その基本原理はアーユルヴェーダとほぼ同じですが、薬物として鉱物を多用するという特徴があります。

光田　森井先生は、ありとあらゆる医療に精通されていて、驚くばかりです。

森井　光田先生に褒めていただくのは嬉しいのですが、ほんの少し詳しいだけです。
シッダ医学もまた、治療の目的を非常に明確に示しています。人がこの世で身体を纏《まと》うのは、地上で経験を積んで魂を進化させて、大いなる存在と一つになるためであり、それを遂行するために、病を治し、心身を強化し、健康に保つことが重要であると説いています。「神と調和するための医学」です。
人は元来、身体と心と魂の融合体です。病気は、身体と心から起こる生命エネルギーの停滞や乱れと関連しており、その中でも多くの病気は、主に、意識、思考、感情といった心のレベルで起こります。

光田　「病は気から」という言葉のとおりですね。

森井　はい。したがって、ケイシー療法もそうですが、ホメオパシーのようにその人をエネルギー体としてトータルで治療していく治療法というのは、肉体をバラバラに分割してパーツごとに治療するよりも本当は効率がいいのです。

さらに、自己治癒力を引き出すということも大切なポイントで、他の病気に繋がることがないので根本治癒になるのですが、なかなか現代医療と理念が合わない。

光田　経済優先の現代社会の構造とも合わない。

森井　そのとおりです。身近なところでインフルエンザの場合、日本には「新型インフルエンザ等対策特別措置法」というものがあって、その法律に基づいて国民の45％、およそ５６５０万人分の抗インフルエンザ薬を備蓄目標量に設定しています。

医薬品好きの日本は世界最大の抗インフルエンザ薬使用国になっていて、抗インフルエンザ薬の備蓄関連費用として毎年約１０００億円もの税金が使われているのです。

光田　なんともったいないことを！インフルエンザに薬なんて必要ないというのに……。

森井　しかも、医薬品の期限は短く、期限切れになると大量廃棄されていきます。さらに備蓄した抗インフルエンザ薬に関しては、期限が切れる前に必要な医療機関に配るなどの有効利用をすることが禁じられています。そして高額医薬品を廃棄した後には、その分を補うためにさらに高額医薬品を再購入するという悪循環が現在進行形で続いているのです。

光田　なんと！国民が知らないのをいいことに、悪徳代官と悪徳商人がやりたい放題という感じですね。

森井　全くです。これに対して、ホメオパシーはとても安価で、しかも現代医療の医薬品につきものである副作用の心配もありません。インフルエンザにとても有効なホメオパシー薬も存在します。

1919年に世界的大流行した新型インフルエンザ（スペイン風邪）の時にも、ホメオパシーは圧倒的治癒力で活躍しています。当時の一般病院での死亡率が約30％だったのに対して、ホメオパシーで治療した人の死亡率は1％ほどだったことが記録されています。

光田　その数字はすごい！
日本では全く報じられませんが、海外ではホメオパシー薬は、超富裕層やトップアスリートたちによく使われる薬となっているのですよね？

森井　日本でも有名な陸上のウサイン・ボルト選手やサッカー選手のデービット・ベッカム選手、リオネル・メッシ選手、テニスの殿堂入りしたボリス・ベッカー選手やマルチナ・ナブラチロワ選手、その他の様々な競技におけるトップアスリートたちの間でもホメオパシーでの治療や体調管理は広がっています。
また、世界的な大富豪ジョン・ロックフェラー氏は、医療分野にだれよりも強い関心を持った人物として知られています。現代の薬に頼る西洋医学の発展を進めた一族ですが、実はジョン・ロックフェラー氏は、健康管理と身体の治療をホメオパシーで行い、どこへ行くときにも専属のホメオパシー医師を同行させていたということはあまり知られていません。自分のみならず、家族やスタンダード・オイル社の一族全員にもホメオパシーを推奨していました。

光田　こうしてお聞きしていると、ホメオパシーが有用であることは疑いないということがはっきりすると同時に、経済優先の今の社会では、ホメオパシーが広く受け入れられることは難しいように感じますね。

ホメオパシーが広がれば、間違いなく製薬会社や医療関係機関の利益が大きく減ってしまいますから。

森井　そうですね。ホメオパシーに関しては不自然な弾圧が多くみられます。オーストラリアでは、2015年に国立保健医療研究委員会によって「ホメオパシーは効果がない」という報告書が作成され、公表されました。このニュースは、グローバルメディアで大々的に報道され、ホメオパシーを叩くバッシングネタとして今でも繰り返し使われています。

この報告書は、「1800以上の研究における厳密な評価に基づいている」としていましたが、実際はたったの176の研究をベースにして、しかも、さらにそのうちの171の有効性を示す研究は、なぜか信頼できないものと見なされ評価対象から外れ、残ったたったの5つの研究結果から、ホメオパシーのエビデンスはないと結論づけていたのです。

さらに、その3年前の2012年には「ホメオパシーは有効な治療法である」と結論付けたしっかりと調査した公式な報告書が存在していたにもかかわらず、闇に葬られていたことも発覚しました。この報告書については世界中から公表を求める署名が集まり、2019年になってようやく公表されたのです。

日本学術会議でも、同じように意図的に否定的で不完全な論文だけが公表されて、ホメオパシーは効かないという記者会見が開かれました。でも学術会議で有効性なしの根拠とした論文もQUOROMというメタ分析（複数の研究の結果を統合し、より高い見地から分析すること）の基準を守らず、110の論文が含まれているはずが、たった8つの否定的な論文だけに基づいて結論を出していたことが発覚しています。日本もオーストラリアも、否定的なスキャンダルは大きく報道するものの、残念ながらその後の真実は伝えていません。

光田　これは医療問題に限ったことではありませんが、現代の経済システムは、リーディングの観点からすれば病んでいます。

多くの人がケイシーにビジネスで成功するためのアドバイスを求めましたが、ケイシーは一貫して「成功の度合いを収入の高低で判断してはならない。成功とは、自分の才能をどれほど周囲の人々への奉仕に役立てられたか、その程度に応じて計らなければならない。そして、自分の能力や才能を人々の奉仕に役立てているかぎり、必要なお金は神が与え給う」と主張し続けました。

多くの人は奉仕ではなくお金を求めて働いていますが、そこには労働が本来持つべき喜びが欠落しています。このような状況が改められないかぎり、私たちの経済はどんどん疲弊していってしまうでしょう。

森井　そのとおりです。すべての事象は経済的金銭価値で判断され、それが様々な面で歪みを生み出しています。これからの世界においては、金銭的価値観と離れた理念ある行動が必要ですね。

光田　もちろん私自身を含めて、この対談に接してくださるお一人お一人が、当事者意識をもって意識を変え、行いを変えていってくださることが大切な局面だと感じます。

体の声を聴き、自己治癒力を尊重する

森井　本来は病気になったら自分の体の声に耳をしっかり傾けるというのが基本なのです。病気になるということには、意味があるのですから。

医療関係者が変わらなければならないのは当然のことですが、多くの人がそれをせずに、すぐに病院に行ってお医者さんの声だけを聞いてしまうのが当たり前になっているので、誰もができることとして、そこから変えていくことが大切です。

光田　自分の体の声を聴き、自己治癒力を尊重するということは、本当に大切なことですね。

森井　はい。自己治癒力というのは、非常に複雑で精密なシステムによって働くものです。先にお話したとおり、身体とは魂の肉体バージョンです。言い換えると、意識が設計して作り出した生きた物質であり、意識が常に生きている身体を作り続けています。
意識には二系統があります。主に生体の動力となっている本能的な系統と、生体に浸透している高次元の霊性である理性的知性的な系統です。どちらも自分の身体の健康や健全さに大きく影響を及ぼします。

光田　なるほど、よく分かります。

森井　ハーネマンはすでにこのことを理解していましたし、世界各地の古い伝統医療にも同様の見解が見られます。例えば、中国最古の医学書「黄帝内経《こうていだいけい》」では、「形は生の宿であり、気は生を充たし、神は生を制する」と表現されています。ハワイの古代の知恵とされるフナでも、生命エネルギーであるマナを、生体の動力となる系統と知性・理性を司る系統に分けています。
さらに、身体は、生きて反応する粒子から構成されていると同時に、身体の細胞にも器官にも個々に特有の意識があって、自らの性質のルールに従って自律して存在しよう、何かあったら自己修復しようとする動きを持っています。
体にはその役割に応じたさまざまな細胞があり、それらが集合して器官を形成します。器官ごとに、器官に属する細胞を統括する意識があり、各器官独自の方法によって個性的な働きを保つことができます。器官全体が一つになって機能するのは、こうした器官の内部に宿る意識がたゆみなく働くことによって、自らのバランスと健康を維持しようと常に動いているからです。

そして、これら各器官を司る意識は、密に複雑に連携しているため、身体では本人の顕在意識に関わらず、自らの自然な本質に沿って生成・成長・衰退のサイクルが営まれます。

このシステムが自己治癒力となって働くのですが、システムを統括しているのは、ほかならぬ真我であり、深い部分にある潜在意識なのです。

光田　まさに奇跡の連続によって、われわれは生かされているのですね。

森井　そのとおりです。

ただ、ここで少し気を付けなければならないと思うことがあります。やみくもに医薬品や食品添加物、病院や社会システムなどを悪者にしてしまう人が少なくないようです。でも、どんなものにも優れた点や学ぶべき点は必ずあります。また、信頼できる治療法を選択するのは素晴らしいことですが、それを妄信するあまり固執してしまうのもいただけませんね。

光田　どのような治療法を採用するにしても、あまりにも完璧にやろうとする、またそれがこうじて他の方法を攻撃するというのは、結果的に心身はもちろん霊的にも良くありません。

森井　完璧にやることが目的になってしまっては本末転倒ですからね。

例えば、毎日添加物てんこ盛りの食事を摂り続けることは、最高に健全な心身を保つには良くないと思います。

それは第一に、生体が合成化学物質の毒素を許容できないからです。さらに言うと、食事を構成する物質の背後に内在している不可視の自然の摂理から外れた波動も関連しています。その乱れた波動を食物と共に摂取することで、肉体だけではなくエネルギー的にも乱れが生じやすくなるのです。

では、全く合成添加物を口にしなければそれでいいのかというと、決してそうではありません。どんなに清浄な食物も、私たちの心構え一つでジャンクフードへと変わることが知られています。

食生活が正しい人でも、日々の生活の中で悪い思いを抱いたり、自分勝手な言葉を発したり、自然の摂理に反する行動があれば、それらはジャンクフード以上に生体エネルギーに害を及ぼすことは誰もが自覚すべきことだと思います。

光田　ケイシーも怒っている時や悲しい時には食べ物を口にしないように説いています。どんなに良い食べ物であっても、感情が乱れている時に食事をすると、正常な消化が行われません。また、食事の時の感情の波動は食べたものに移るため、怒った状態で食事をすると、怒りの波動がそのまま食事を通して全身に運ばれることになるのです。

こういったことは、病気が生命エネルギーの停滞や乱れによって生じることを知っていれば、自ずと理解できることですね。「体の声に耳を傾ける」というのは、その停滞や乱れに気づくということになるのでしょう。

森井　せっかくなので、ケイシーのリーディングで良い食事についての実例があれば教えてくださいませんか？ちなみに私は、食後のデザートでは柑橘系は食べないようにしています。

光田　ケイシーの食事療法などは解説しているとキリがありませんので、興味のある方は、拙著『エドガー・ケイシー療法のすべて』（ヒカルランド）に詳しく書きましたので、そちらをご参考にしていただければ幸いです。

どなたにも共通するものをいくつか挙げると、まず、豚肉と揚げ物はほぼ禁食ですね。それから白砂糖を多く含むものは食べない。地元で採れた新鮮な葉物の野菜をたくさん食べる。特に、クレソン、セロリ、レタス、ニンジンなどは重要です。

穀物はあまり精製しないで食べる。お米は白米よりも五分づきくらいにします。ただし、玄米にすると消化できない人が多いので、これは自分の便の様子などで自分の消化力を確認し、消化力に合わせて決めるしかないでしょう。

それから柑橘系の果物をケイシーはとても推奨しますが、柑橘系には一つ重要な決まりがあって、それは炭水化物とは絶対に混ぜてはならないというものです。ご飯を食べたら、最低でも2時間は間を空けてミカンを食べるとか、ミカンを食べたら、ご飯まで2時間空けるといった感じですね。

森井　ということは、食前にも柑橘系は食べないほうがいいのですね。

光田　そういうことになりますね。あとは、お水をよく飲むことです。理想的には、自分の体重のキログラム数に30を掛けた値が1日に飲むべき水のミリリットル数です。ですから、体重50キロの私の場合、１５００ミリリットル。つまり、１．５リットルですね。

それから、アトピーや乾癬《かんせん》、湿疹のある人は、消化管が損傷している可能性が大きいので、レクチンを多く含むナス科の野菜、具体的には、ナス、トマト、ジャガイモ、パプリカ、ピーマン、唐辛子は禁食とし、大豆などの豆類やトウモロコシなどの穀類もうんと減らすという食生活にします。女性で婦人科系にトラブルのある人は、乳製品を控える、といったこともケイシーの食事療法では強く言われます。

毎日の便の様子で消化の状態を確認しながら、その時点での自分に合った食事を選んでいくことが重要ですね。他の人には良好でも、自分には合わないものもありますし、季節や年齢によっても変化しますし、その時の自分の精神状態なども大きく影響しますから。

先ほどのお話のとおり、完璧にやることに執心するのではなく、自分の体の声を聴くということが何より大切だと思います。まずは自分の体調を、肌の調子や呼気、便、尿、頭の働きなどから把握する習慣をつけると良いですよね。

森井　そのように、ふだんから自分の体の声を聴くようにしていれば、未病のうちから対処できるようになりますね。

「真の治癒」とはなにか

森井　これまでの話を逆に考えると、病気は、霊性が正しい方向から外れた時に身体が教えてくれるサインであると捉えることもできます。病気は、魂の履歴書でもあるのです。

普段の生活の中で自発的に内観によって気づきがもたらされればいいのですが、実際には自分の固定観念や習慣から脱出するためには、病気という強力なサインが必要になることがしばしばあります。そして、そのように捉えた時、「真の治癒」とは何かということも自ずと分かってきます。

現代医学における治療の目標は、身体的な病気を治すこと、そして死を回避することにあり、症状が消えることをもって治癒とします。

しかし、目に見える身体的な病気が治っても、霊性が正しい方向へと向かうと同時に、エネルギー体が調和の方向に向かわなければ、治療ができたとはいえません。ホメオパシーをはじめとする統合医療では単に身体の不具合のみならず、エネルギー体を含む実体すべての調和をとることが最終目的であり、それこそが「真の治癒」なのです。

光田　エドガー・ケイシーは「あらゆる種類の癒しの力は、内からの波動を変えることにあると――生きた細胞組織の内にある聖なるものを、神の創造エネルギーに同調させることに他ならない」と主張しています。

どのような治療法を選択するにしても、それは自己治癒力を引き出すものであり、「真の治癒」を成し遂げる最高かつ真の治療者は、自分自身の中にいる意識なのだと思います。

森井　そのとおりです。病気になった時には、まず自分自身を見直すための良い機会として前向きに捉えることが大切です。普通に立って歩いたり、普通に呼吸したりという日常の何でもない行為がこんなにもありがたいことだったのかと、再認識する人もいることでしょう。

日常生活が多忙で自分自身を内観しない人でも、病気になって初めて自分自身のことや生活、周りの人との関係などを振り返り、人生で本当に大切なものをゆっくりと探求する時間が与えられます。

光田　病気はその人に与えられた霊的課題であり、そこから気づかなければならない問題があるということでもありますね。病気という体験、さらにはその病気の原因を完全に取り除く過程を体験することによって、霊的課題をクリアし、さらに高い意識レベルへと進化するきっかけになるということも「真の治癒」と言えるのではないでしょうか。

森井　そのとおりだと思います。様々な偉人たちの伝記を見てみると、ある特定の時期に罹った重い病気がその後の人生の転機となり、よりよい展開がおこることがよく見られます。その病気がなければ、成し得なかったと思われる事例も多く見られます。

これらは、当時の本人の顕在意識の中ではたいへんな苦悩であったと思いますが、生れる前に高次の意識の元ですでに決められていた場合もあるのでしょう。

光田　つまり、病気によって霊性の鍛錬がなされるということでしょうか?

森井　はい。人は、心が静謐に包まれたときに、光へと向かう性質があります。それが人の魂の本質だからです。人は崇高な目的を持って生きることが自然の流れです。

顕在意識は、いつでも逆行する方を選んでしまいます。しかし、そのおかげで、私たちは外界でのさまざまな経験を通して、自分に内在する光を見出すとともに、光が届いていない部分も見出すことができます。顕在意識は、自然な流れと逆行することで、その光の届かない部分を見つける才能があるのです。

そうやって、人は学び、魂を進化させていく。物質世界レベルにおける途方もない困難な体験や辛い病気は、大きなエネルギー世界レベルの視点から見ることができれば、光への道標になっているのではないでしょうか。私は、大病はカルマを最も効率よく燃やす方法の一つだと思っています。

霊界から交信し、多くの真理を伝えた存在であるシルバー・バーチは「治療によって奇跡的に病気が治る……。それはそれなりに素晴らしいことですが、その体験を通してその人が霊的真理に目覚めることがなかったら、その治療は失敗したことになります」と述べています。

光田　多くの人がその視点に立つことができれば、病気をはじめとする多くの困難に対する認識が大きく変わるに違いありませんね。

医療は古代インド哲学で繋がっている

光田　ここで話を少し戻してひとつご質問したいのですが、先ほど森井先生から、人生の崇高な目的を「身体と心と魂の合一」とする思想は古くから存在し、現存する世界最古の医学書であるアタルヴァ・ヴェーダにも記載されていて、ホメオパシーにもそれと相通ずる思想が感じられると伺いましたが、具体的にはどういった符合点があるのでしょうか？

森井　ヴェーダというのはもともと「知識」という意味で、古代インドで長い時間をかけて口述や議論を受けて来たものが後世になって書き留められ、紀元前に編纂されたまさに聖典ともいえる文書の総称です。

ヴェーダには、リグ・ヴェーダ、サーマ・ヴェーダ、ヤジュル・ヴェーダ、アタルヴァ・ヴェーダの4つがあります。このうち最も新しいのが先ほどお話ししたアタルヴァ・ヴェーダなのですが、医学や呪術、たしか占星術なども含めて一つの体系を作っていて、さらにその中から医学的な部分だけを抽出したのがアーユルヴェーダなんですね。

光田　つまり、アーユルヴェーダというのはインドの膨大な叡智であるヴェーダの中の一部分だということですね。

森井　そうです。そして、そのアーユルヴェーダの概念の元になった哲学の一つに、物質と生命の創造原理を説いた自然哲学であるサンキャ哲学があります。アーユルヴェーダでは主に6つの哲学が利用されているのですが、特にこのサンキャとヴァイシェーシカと呼ばれる哲学が最も多く採用されたようです。これらの哲学は、紀元前のヴェーダ時代に真我に目覚めていたリシ（聖賢）たちが、深い瞑想状態の中で、高次から受け取った宇宙意識の叡智を地上に伝えたものとされています。

ある時、ホメオパシーの勉強していた私は、ハーネマンが書いている文章の背後にある本質が、その古代インド哲学サンキャに非常に近いことに気がついたのです。

光田　サンキャ哲学といえば、ヒンドゥー教の聖典「マハーバーラタ」の一部をなす「バガヴァッド・ギーター」にもその特徴的な概念が残されているものです。それがドイツ発祥のホメオパシーに通じていることに気づかれるというのは、古代インド哲学に通じていらっしゃるからこそですね。

森井　ホメオパシーと古代インド哲学の共通点というのは、人間の身体は物質的なものと見えない精神的なものとが融合して作られていることから、その両方を総合して考えなければ本当の治療はできないという点です。さらに、先ほどお話しした、人間のエネルギー、すなわち意識には、動物的・本能的なエネルギーと知性や理性などといったエネルギーの二系統があるという指摘も古代インド哲学と非常に似ていました。

それで、ドイツ人のハーネマンがなぜここまで同じことが言えるのだろうと不思議に思って調べてみると、ハーネマンはイマヌエル・カントやフリードリヒ・シェリングから哲学を学んでいたのですが、彼らはインドのサンキャ哲学を学び、それを自分の哲学体験にして哲学者として大成した人物だったのです。カントはサンキャ哲学について、「ここには哲学だけでなく、すべての謎を解く鍵がある」と述べています。

光田　えっ！カントの中には、インド哲学が入っているのですか？

ケイシーと出会う以前、生きる理由を見失っていた私は、その答えを求めてカントをはじめとする哲学書を読みあさっていたのですが、そういう観点で読んだことがないのでとても驚きました。

森井　そうでしたか。カントやシェリングの中には、たしかにインド哲学の流れが入っています。

サンキャ哲学についての記録はイシュバラ・クリシュナが著した「サンキャ・カリカ」などが有名で、古書店でも購入できる他にインターネット上でも公開されています。１６００年も前の著作ですが、インドの哲学や文学、宗教のみならず、西洋文化にも大きな影響を与えました。

カントは、直接サンスクリット語で読んだのではなく、リトアニア語訳の文献を入手しています。

ハーネマンの考える生命感には、サンキャ哲学の流れが見えますので、カントやシェリングからの影響が大きいと私は考えています。

シェリングは「物質を分解していくと最終的に不可視の精妙なエネルギー体となるために、無限に近く分解可能である」と主張しています。ハーネマンは、希釈を試みたときに、このシェリングの説を拠り所にしていたのかもしれません。

それから、ヒポクラテスもインドで学んでいますからね。つまり、いまの医学、医療の大本はかなりの部分、古代インドから来ている、はっきりそういう流れがあると言って差し支えないのではないかと思います。

光田　おお！古来のリシ（聖賢）たちの叡智が、人類の霊的な成長、進化を、時空を超えて陰から支えているのですね！

第4章

輪廻転生の目的

死を正しく認識すること

光田　それにしても、森井先生とこのような対談ができるのは嬉しい限りです。

エドガー・ケイシーを知るまでの私は、人間とは単なる肉体的存在であり、肉体の死によって自分という存在は消滅すると信じていました。死によって自分が消滅するという人生観・世界観の中では、どれほど人生の意義を求めても、見つけることは不可能です。人生の意義を誠実に求めれば求めるほど、人生に意義がないということが明らかになってしまうのです。私もあの頃は苦しみ、絶望していました。

しかし、ケイシーに出会ったお陰で、一夜にして、人間の本質は永遠不滅の高貴な霊的存在であると確信できるようになりました。それがなければ、人間とは単なる肉体的存在であると信じ込んだまま、早々にこの世を去っていただろうと思います。

そして、世の中のほとんどの人が唯物的世界観の中で生き、この重大事――人間は永遠不滅の高貴な存在であるということ――を知らないということがまた衝撃で、お節介ながら、世間に向けて、「皆さん、安心してください。われわれの肉体はいつか死にます。しかし、われわれの本体は永遠不滅です」と叫び続けています。この重大事を知らなかったがために、若い頃の私は何度死のうとしたことか！

森井　実は光田先生とは別な意味で、私も何度も死のうと思ったのですよ。

光田　そうなんですか！それはまたなぜでしょう？

森井　先ほども少しお話ししましたが、私は生まれてくる前の記憶があるのですが、それがあまりにも快適だったのです。肉体のような不自由な制限はないし、食事もお風呂も必要ないあの快適な生活に早く戻りたい。そのためには死ねば元の世界に還れると思っていました。

光田　それは霊界、つまり前世を終えてから今生生まれてくるまでの間の期間である中間生の話ですね。

森井　そうです。

例えば、小学校の頃に友達とフェリーで北海道に行ったんです。その時、夜にフェリーの甲板に出て、日本海を眺めながら「ここから飛び込んだらまた快適な生活に戻れるなあ」と考えたりしていました。

でも、今回の人生でやらなければならない大切なことがあるというのも強く感じる。ただ、それがなんだったということが……。

光田　思い出せないのですね。

森井　そうなんです。それに、今あちらに戻ってしまう、つまり死んでしまうと、たくさんの人が悲しむということも心をよぎりました。

わざわざ何かをするためにやって来たのにそれを途中でやめて、しかも人を悲しませて戻るわけにはいかないということで、結局思いとどまりました。

光田　向こうが懐かしくて死のうと考える人もいるのですね。でも、あまり向こうが快適だというところだけが先行してしまっても困りますね。

これは「人間は永久不滅の霊的存在であって、死んでも終わりではない」という真理についても同様ですが、困難にぶちあたった時に、「じゃあ、死んだらいいよね」というような安易で軽率な判断に繋がりかねませんから。

森井　知識だけの表面的な理解にとどまっていれば、そういったことも起こるかもしれませんね。現代社会では、死があまりにも誤解されていると思います。

光田　死をどう捉えるか、死んだらそれで終わりではなく肉体を脱ぎ捨てるだけであって、また生まれ変わってくるのだとしたら、生き方が全く変わりますよね。森井先生の『君が代から神が代へ』（きれい・ねっと）にもあるとおり、死は不幸なことなのではなく、卒業式のようなものなのですから。

森井　はい。「生老病死」という、人間が人生の中で必ず体験することを正しく認識することが、人として生きるうえでは必要不可欠です。

今はそれが不確かになっているために、そのように命を軽視する、逆にあまりに命だけを重要視しすぎるという両極端なところがあるように思いますね。どちらにも大きな弊害があると思います。

死を誤解することで起こる大きな弊害は、政治や経済をはじめ、あらゆる分野において浸透しています。人の活動に伴って起こっている地球環境の破壊も、動物たちの絶滅も、「死」を誤解してしまったことに根本的な原因があります。死をすべての終わりと妄想することで、人は破滅的な行動が可能になってしまうのです。

光田　現代医療の分野でも、肉体としての命を重要視しすぎる傾向が非常に強いですね。

森井　そうですね。死にそうな人に死なせないようにと身体のあちこちに管を入れて、植物人間でもいいからとにかく生かそうとするというような状況は、不自然なことだと思います。
魂の尊厳よりも、ただ死なせないことが優先されてしまった結果、現代医療は人としての尊厳を軽視するような、真の医療からはかけ離れたものになってしまいました。

光田　非常に由々しきことだと思います。人間の魂が永遠不滅とわかっていれば、肉体の命を無理に引き延ばそうとはしないですね。
ケイシーのリーディングの中にもすでに手の施しようがないというケースがいくつかありますが、そのような時、ケイシーは偽りの希望を与えるよりも、「この人を回復させるにはわれわれは遅れを取ってしまった」と正直に告げました。
そして、そのうえでその人が人間としての尊厳を維持しつつ最期の時を迎えられるよう、苦しみを和らげる方法を与えたり、最後まで治療努力をすることが魂の成長に繋がることを説いて、最期の瞬間まで人生を充実させ、希望をもって生きられるように導いたのです。

森井　素晴らしいメッセージですね。

光田　それから、リーディングの中にこんな事例があります。ダウン症の幼い子供のケースなのですが、病状が深刻になって亡くなりかけた時に、病院のドクターが色々手を尽くして延命しようとする中で、エドガー・ケイシーは「この人は進化した魂なので、亡くなる時に必要以上の苦痛を肉体に残すと、次にこの世に戻って来ることを躊躇するようになる。だから、むしろ愛をもって見送ってあげる態度でいなさい」と指示したのです。

人間の尊厳を保ち、深い愛に満たされて向こうに帰ることができたという記憶が、もう一度地球に戻ろうという気持ちをつくるのですね。

森井　人間というのは、直前にあったことがずっと残るものなのです。

例えば、車の運転中に音楽を聴いていると、車から降りてからも最後に聴いていた音楽がずっと頭の中に残ることがよくありますよね。また、寝る前に怖い映画を見ると、その続きのような怖い夢を見てしまうということも……。

余談になりますが、寝る前の過ごし方というのは非常に重要で、愛のある本を読むとか、美しい音楽を聴くとか、できるだけ清らかで聖なるものに目を向けるようにすることが大切です。そうすると寝ている時間の活動がとても有意義で良いものになりますから。

光田　同感です。ケイシーも「夢をおろそかにしてはならない」と説いていますし、私自身、何度も夢の恩恵にあずかってきました。

森井　そして、それを亡くなる前に応用したのが「チベット死者の書」です。亡くなる前に神聖なものに心を向かせて、旅立たせることは、魂に大きな良い影響を与えると賢者たちは語っています。

光田　死の直前というのは、まさに肉体にとって最後の眠りに入る前の大切な時間ということになりますから、その時間の過ごし方が重要なのは当然のことですね。

肉体が永遠のものではない一方で

森井　死を前にしたときのふるまいと言えば、今は「老いること＝病気になること」という大きな勘違いをされている人が思いのほか多いですね。

光田　死が卒業式だとすれば、老いていくことはその準備期間ということになるでしょうか。

森井　そのとおりです。本来の人としての自由のある死後の活動のために、ゆっくりと着実に準備をしているのです。人を肉体ではなく、ケイシーが提唱しているように「実体」として捉えると大きく認識が変わってきます。

例えば、肉体の眼の視力が低下していくのは、肉体の眼に供給されていたエネルギーが、加齢と共に徐々に死の次のステージの準備のためにエーテル体の霊眼へ供給されるようになっていくからです。耳が遠くなってしまうのも、死後のステージの準備のためにエーテル体の霊耳へとエネルギー供給がシフトしていくことによります。私はこれを見えない存在たちから教えてもらいました。

光田　なるほど。肉体の老化とは、肉体へ流れるエネルギーの量が減少していき、エネルギー体へ流れている状態なのですね。

森井　はい。肉体だけを見ると劣化とも言えるような老化現象が表れるのですが、エネルギー体全体を含む大きな視野でみると、エネルギー量はとても大きいまま安定しているのです。

それに、肉体の老化には、魂に必要な、大切なメッセージがさまざまな角度から含まれています。眼が見えにくくなり耳も聞こえにくくなるという時期、つまり肉体的に減弱し、五感がゆっくりと衰えていく時期は、肉体を離れた後の準備であると共に、外側ばかりを気にすることをやめて、もっと自分の内側を見つめる時間を作り、メッセージをきちんと聴きなさいという高次の計らいでもあります。

光田　アンチエイジングという言葉がもてはやされて久しいですが、老化をネガティブなものと考えて目を背けてしまっては、高次の計らいに気づくことができませんね。それはなんとも、もったいないことです。

森井　肉体は、その美しさも輝きも、歳とともに失われていき、死を迎えて、やがては塵となる要素です。でもそれは自然の摂理、嘆く必要は全くありません。

どんなに美しい花も、十分に咲いた後は、花びらが散っていきます。でもそれを嘆く植物はありません。花が散った後には、実ができるのですから。

私はケイシーのリーディングにある、この言葉が大好きです。「美しさとは内から湧き出るもので、外見のことではない。見た目の美しきはやがて色あせていくが、命の美しさ、人間の美しさは、その人間性を通して光り輝き、決して色あせることのない美を与え続ける。人は、外見や顔形を整える前に、自分の理想を整えなければならない。魂が根底から輝けば、外見の美しさは自然に現れるのだから」。

光田　素晴らしい！私たち人間も、広大なる宇宙、美しい自然の一部であるということにしみじみと感じ入ります。


森井　誕生、成長、そして老化のプロセスは、約100年という極めて短期間に、私たちがこの地上で効率よく学び、それを魂に還元していくとても効率よく、完璧な方法です。

そして、肉体が永遠のものではない一方で、私たちは失われないものも持っています。それは、心の美しさ、魂の輝きです。これらは、唯一死を超えて、時間を超えて、持ち越していけるものです。そして、その輝きは、心の美しい人同士には見ることができるのです。

健康も、病気も、老化も死も、魂から見れば表面的なもの。「生老病死」は魂を磨くためのシナリオであって、魂には、老化も死もありません。


光田　まことに、まことに！

ケイシーの言葉によると、私たちは誰もが、この世に存在して以来の魂の記録、アカシックレコードを持っており、それがケイシーには一冊の本として認識されるといいます。興味深いことに、各人のアカシックレコードには、その表紙にライフシールというその人の魂の成長の度合いを示す絵が描かれているそうです。

ケイシーは自らの超意識を介して、人々の魂の記録にアクセスすることができたのです。

森井　ライフシール、とても興味深いです。どのように描かれているものだったのでしょうか？

光田　ライフシールというのは、その人の魂の現在の精神的・霊的境涯を象徴した絵で、たいていの場合、今回の人生に影響している過去生の重要な場面が、3つから5つくらいコラージュして表れます。

例えば、ケイシーの場合、中央にはピラミッドがあり、ピラミッドの手前には三本の椰子の木に囲まれた井戸が描かれています。ピラミッドの上には十字架が描かれ、ピラミッドの両側には、帆掛け船と白鳥が描かれています。そして、これら一つひとつのシンボルが、今回の人生に影響するケイシーの重要な過去生を象徴しているのです。

ケイシーによれば、古代エジプトの神官は、弟子の霊的成長を加速させるために、弟子たちのライフシールを読みに行き、それを曼荼羅として弟子に授けたようです。弟子たちは、自分のライフシールを瞑想の曼荼羅として使うことで、魂の目的を思い出し、霊的覚醒が促進されたといいます。

眠れるケイシーには、このアカシックレコードやライフシールが実にリアリティのあるものであったらしく、リーディングの冒頭で「なんと美しい記録だ」と感嘆することがよくあったといいます。ケイシーはおそらく森井先生のおっしゃる心の美しさ、魂の輝きを見ていたに違いありません。

森井　魂の記録を美しいものにするのも、汚れたものにするのも、すべて自分自身に他なりませんね。

光田　そうですね。ほかの何人たりともアカシックレコードを改ざんすることはできませんから。

願わくは、今回の私たちの生き方によって、私たち自身のアカシックレコードが美しいものになりますように。そして、お互いに「なんと美しい記録だ」と賛美しあえるような人生を送りたいものですね。

神の与えられた驚くべきメカニズム

光田　カルマもまた、過去生で肉体を離れ、今生へと生まれ変わっても持ち越されるものですね。

森井　そうですね。何度かお話ししている通り、私も過去生で作ってきたカルマを解消しようと、日々せっせと徳を積んでいるつもりです（笑）。

光田　覚えていないだけで、カルマのない人などそうそういるものではないですよ（笑）。

ケイシーにしても、直前の前世はイギリスで生まれ、成功を夢見てアメリカに移住してきた初期開拓移民の一人、ジョン・ペインブリッジという人だったのですが、生まれつき備わっていた霊能力をギャンブルに利用してお金を荒稼ぎし、自堕落で情けない人生を送ったことで、かなり大きなカルマを作ったようです。ケイシーとしての人生でお金が身につかなかったのはこの前世のカルマによるものだったのです。

ケイシーは少年時代にキリストの信仰に目覚め、そのおかげで自分の中に悩める人々を救いたいという高い理想を掲げるようになりました。そのことが彼の前世のあらゆる能力と長所を結集させ、それと同時に過去のカルマを克服する機会が与えられたのです。

ちなみに、ケイシーが催眠状態にならなければリーディングすることができなかったのは、前世のように霊能力を誤用しないためだと眠れるケイシーは語ったそうです。なんと用意周到な安全対策だろうと驚きましたね。

森井　魂はどのようなカルマをどうやって解消していくのかといった今生の状況を、緻密に、ひとつの無駄もなく設定していますからね。

光田　おっしゃるとおりです。ただ、こうしてカルマの働きを考えるうえでまず理解しておかなければならないのは、カルマとは神、または高次の存在がその人の過去の行為を罰するために設定された仕組みではないということです。カルマとは、その魂が自らの成長のために自分で選んだ試練なのですね。

森井　カルマについての理解を深めるにあたっては、ケイシーのリーディングから学ぶのが最適だと思います。

光田　たしかに、ケイシーのリーディングは、カルマについて膨大な量の情報を残してくれています。それを見事にまとめた書物として、たま出版から『転生の秘密』という本が出ていますので、ぜひそちらを読んでいただければと思います。カルマの驚嘆すべき仕組み、働きが、悩める人々の実例を通して明らかになることと思います。

カルマについて、リーディングはいくつかの説明の仕方をしています。例えば、「カルマとは記憶である」という言い方をすることもありますし、「カルマとは、作用に対する反作用である」のような説明をすることもあります。

しかし、私が個人的に好む説明の仕方は、「カルマとは、人の霊性が必ず向上するように仕向ける、神の与えられた驚くべき仕組みである」というものですね。リーディングには、これと全く同じ言い方はないのですが、リーディングを理解すると、このような働きであることが了解されるのです。

つまり、私たちの魂は、必ず自らを高めようとする本質を持たされているということですね。神がそのように仕向けられたのですから。

森井　まさに、宇宙の法則ですね。

光田　ええ。そして、われわれはもう一つ、極めて重要な特質として、「自由意志」を与えられました。神が人間を存在せしめるときに、神はご自分と同じように自由意志を持ち、ご自分と同じように創造活動を楽しむ存在を欲せられた。そのために、神は「自由意志」と「創造力」を持つ魂を宇宙に一斉に投射した、というのです。

自由意志と創造力はある意味表裏一体です。自由意志のないところに創造力はない。そして、これは他の生命体にはない、われわれの魂だけに与えられた特権であるとケイシーは主張します。

「天使すらうらやむ」という言葉を使うこともありますし、「神は完全な自由意志を人間に与えられた。神に反逆することも可能なほどの完全な自由意志を与えられた」と言うリーディングもあります。

森井　完全な自由意志をもって創造力を発揮できるということは、善行も積めるけれども、逆にどんな悪事でも働くこともできるということですね。

光田　そのとおりです。でも、邪なことに自由意志を使えば、結局、自分が損なわれるという体験を繰り返すことになります。さまざまな経験をし、衝突し、相手を苦しめ、自分も苦しめられる。しかし、カルマという安全装置があるために、われわれは体験を繰り返すたびに、必然的に上に向かうようになるのです。

カルマについては、まずはこのように捉えるのが良いと思います。自分の魂が本質的に高貴であるからこそ、自分の中で、その基準に満たない部分をなんとか矯正し、改善し、高めようとする。それを自由意志とのバランスの中で行うわけです。

ところで、今度は森井先生から、病気についてお話しいただいたときと同様に、エネルギー的な観点からカルマについて教えていただけないでしょうか？それが理解できれば、カルマを「罰する」というような感情的な視点から離れて正しく捉えられる助けとなるのではないかと思うのです。

森井　私が見えない師から教えてもらったことによると、人が何か自然の摂理に反する思いや言葉、行動を表現すると、自分のエネルギー領域内にその行為によって発生した歪んだエネルギーの波動が、理性を介して刻み込まれます。それらの行為が意図的になされた、つまり顕在意識の下で悪いと知りながら行われた場合には、どんなにささいなものであっても、エネルギー体の中により大きな歪みとして残されるのです。

エネルギー体に刻まれる歪みの大きさに関しては、理性を介することで、エネルギーの作用である物理的な行為そのものよりも、それに至った動機と、言動によって自分や周囲に与えた心の影響の結果の方が大きく左右することになります。例えば、憎悪の念から人の命を奪うのと、正当防衛の結果として偶発的に人の命を奪うのでは、同じ人の命を奪うという行為だとしてもエネルギーの歪みは異なってきます。

エネルギーの歪みは、時間を超えた領域に記録されるため、過去生での歪みが解消されなかった場合には今生に持ち越されます。そして、こうしたエネルギーの歪みがいわゆる「カルマ」となって表出し、それを体験し、浄化していくことで歪みを解消していくのです。

光田　よく分かります。たしかに、カルマの表出においては、行為そのものよりもそこに参加した「意識」が問われますよね。

逆に言えば、行為としてはほんの些細なことであっても、それが肉体には非常に大きなカルマとして表れることも非常に多いですね。それを知ると、自分がどのような意識で行為しているか、非常に敏感になりますし注意深くなります。

例えば、リーディングの中に、小さい頃に脊椎カリエスという病気を患い、背骨が醜く曲がった女性がいました。なぜこのような肉体に生まれることになったのか、リーディングにその理由を尋ねたところ、「皇帝ネロの時代に宮廷貴族の一員であった。その時に、闘技場でライオンと戦わされて、腹を裂かれて死んでいくキリスト教徒の女性を特等席から見物し、嘲笑ったカルマである」と指摘されたのです。

彼女自身は何も手を下していないのです。しかし、腹を裂かれて悶え死んでいく女性を、嘲笑った。この霊性の醜さが、彼女に大きなカルマをもたらしました。

森井　彼女はそのカルマの表れを通して、霊性を高めることを自分に課したのですね。

光田　そのとおりです。しかも、彼女はローマ時代の直後の転生でカルマを発動したわけではなく、二千年の時を経て、いくつもの転生を経た後に、カルマを引き受けることにしました。宇宙の法則は、カルマの執行猶予を与えていたわけですね。それ以前にも、カルマを解消する機会はあったかもしれない。しかし、彼女は今回の人生でそれを刈り取ることを選択したのです。

さらに驚くのは、彼女には昔から自分のことを助けてくれる義理の妹がいました。そこで彼女は、背中が曲がって、身の周りのことも自分でできない彼女を親身に助けてくれる義理の妹と自分との過去生の関係をリーディングに尋ねます。

すると、驚くべきことに、この義理の妹こそ、彼女が二千年前に闘技場の特等席から嘲笑した、腹を裂かれて死んでいったキリスト教徒の女性その人だったのです。

彼女は、腹を裂かれて死んでいく自分を特等席に座って嘲笑っている貴婦人を見て、憐れに思ったのです。自分はキリストに結ばれて死んでいく。しかし、あの貴婦人はなんと気の毒なことかと憐れんだのです。そして、二千年前に自分の苦しみを嘲笑した人の魂を救いたいと願って、彼女の近くに生まれることにした。なんという驚くべきことでしょう。

森井　人間とは本来、いかに高貴な存在であるかということを教えられますね。

光田　ケイシーは、この姉妹にハープを習うように勧めました。なぜなら、ローマ時代に二人ともハープを弾いていたからです。実際ハープを習い始めると、すぐに上達し、しばらくすると二人で演奏会を開くまでになったそうです。

カルマをどのように解消するかもまた自由意志が大いに関係します。あまりにカルマが重い場合には、普遍的な法則がある種の強制力をふるうこともあるようですが、そこまで重大なカルマでなければ、自分の魂が選択して決める。

選択の仕方が悪ければ、カルマはいよいよ雪だるま状態になるかもしれません。優れた選択をすれば、カルマが軽いうちに解消できるかもしれません。しかし、それすらも、最終的には優劣を問うことはできないのです。

むしろ、望ましいのは、その時その時の状況の中で、自分が最良と思う選択を続けていくこと。そうすれば、カルマが大きく熟さないうちに、刈り取ることができるはずです。

ケイシーは「あなたの前には善と悪が、祝福と呪いが、生と死が置かれている。汝、自ら選ぶべし」という聖書の言葉をよく引用しました。自分の自由意志を最大限に発揮して、自分の人生を活かす方を選択し続ける。これがカルマを解消する望ましい方法だと思います。

肉体的な性エネルギーの昇華と離欲

光田　リーディングの説明するカルマを私流に咀嚼して、典型的な例でもうすこし説明を試みてもよいでしょうか？

森井　もちろんです。ぜひお願いします。

光田　ある時代に、一人の男性が創造エネルギーの一部である性エネルギーの使い方について考えた。その男性は容姿も端麗で、次々と現れる異性と関係を持った。しかし、それはまだカルマになる程ではなかった。

次に生まれ変わる時、彼は、もっと性エネルギーの快楽に耽りたいと思った。そこで彼は、肉体的な魅力たっぷりの男性に生まれることにした。宇宙の法則はそれを妨げなかった。

彼は思い通りに異性との快楽に耽ったが、徐々にその発揮の仕方は動物的で、獣的になってしまった。しかし、それでもまだカルマとして顕在する程ではなかった。

彼はいよいよ味をしめて、次には権力者として生まれ変わり、自分の好みの女性と強引に関係をもてる人生を送った。自分の獣的欲求のために女性を苦しめることを意に介さない冷酷な男になった。彼はこうして自由意志を使って、創造エネルギーを大いに誤用してしまった。ここにきて、ついにカルマが発動する。

次に生まれ変わるとき、彼は性的不能者として生まれるかもしれないし、あるいは、異性から相手にされないような醜男に生まれるかもしれない。あるいは、彼自身が今度は相手の欲望の犠牲者になって、絶望を味わうのかもしれない。いずれにせよ、そこには「蒔いた物は必ず刈り取る」という法則が働くことになる。

そして、そのような経験を通して、彼はそれまでの性エネルギーの使い方を改め、もっと高い次元で性エネルギーを表現することを習得するようになるかもしれない。それすらも、彼の自由意志であるが、カルマの法則がその人を必然的に高みに向かわせるために、彼もついには性エネルギーをもっと昇華した形で表現できるようになる。

驚くべきことに、宇宙の摂理は、それぞれの人が自分の魂を高められるような環境や人間関係に縁が生じるように導いてくれる。聖書の言葉で言うなら「神は、あらゆるものを相俟《あいま》って益に導かれる」ということですね。

森井　一見するとどんどんカルマを重ねているように見えても、実はいくつもの人生を通じて性エネルギーを探求していったともいえますね。

光田　おっしゃるとおりです。

ところで、話がすっかり脱線してしまうのですが、性エネルギーと霊的進化には密接な関係がありますよね。そのあたりのことを、ぜひ森井先生に伺ってみたいと思っていたのですが。

森井　性エネルギーの本当の役割を明確に理解している人はほとんどいないと思います。それは、現代社会にいたるまでの間に、性を歪んだ認識のままで抑圧してしまったことも一因ですが、一度性エネルギーを昇華する体験をしないと理解できないからです。

性エネルギーは、神から与えられたエネルギーの中でも最も動的な性質を持つもので、本来は太陽エネルギーに近い性質を持っています。エネルギーを活性化させ、愛する力を強化し、創造力を活性化し、物事を遂行する原動力となり、新しいことを始めるための活力を与え、情熱的にして、生きる喜びを強め、思いを生み・育て・発展させ・熟成させる力があり、直感を引き出す力を強化するなどの働きがあります。

光田　やはり、本来は素晴らしいエネルギーなのですね。

森井　はい。性エネルギーの本当の役割を理解するためには、まずは肉体的な性エネルギーを理解しなければなりません。

この時、性エネルギーの方向は波動の低い物質世界の方向に流れています。それがほとんどの人の現在の状態です。最終的には、性エネルギーを高い波動領域に向けて昇華することになります。この時に、初めて性エネルギーが神聖なエネルギーとして理解できるのです。

でも、昇華するためには性エネルギーをさまざまな体験を通してよく理解し、そして低い波動領域での欲を手放す必要があります。ところが、現代社会、特に宗教的指導者や聖職者たちは、性欲を理解することなく、禁欲により抑圧してしまいました。

光田　性行為を不浄な物とみなしたり、裸を不潔なものとみなす人たちも多くいますね。

森井　そうなってしまっては、性行為を聖なる行為とみなすことは困難になってしまいます。神の子である私たちは皆、性行為を通して生まれてきているという事実すら否定したいのかもしれません。でもこれは、逆に自分自身の否定にも繋がり、肉体的な欲望からの離欲ができない状態に拘束されてしまう大きな原因になってしまうのです。

性エネルギーはとても強い動的なエネルギーですから、過剰に不自然に抑圧された場合、様々な欲望と絡み合い、その欲望を強化することになってしまいます。一般的に、性欲や物欲を無理に抑えつけた場合、心の中では歪みとして残り、逆に低い波動領域の性欲から完全に解放されることが難しくなります。

この地上では、どんな体験もまずは肉体を有効利用することから始まります。性エネルギーを昇華するためには、まずは肉体的な性行為を神聖なものに高めることから始めます。第三の眼を活用したいのであれば、まずは物事をしっかりと見る眼を養う必要があります。体の各チャクラ特有の音を聴きたいのであれば、まずは肉体の耳を使って偏見の無い純粋な聴覚を養う必要があります。

光田　ここでも、まずは肉体の五感をしっかりと鍛えていくことが求められるのですね。

森井　そうですね。そうして、やがて性行為で到達できるようになる絶頂状態は、瞑想で得られる究極の絶頂状態の疑似体験でもあります。どちらも、愛がありエゴがなくなります。

大きな違いは、性行為がエネルギーの流れを下に向けて浪費するのに比べて、瞑想ではエネルギーの流れを上に向けて循環させていることです。

瞑想とヨガによって、性行為での刹那的な絶頂よりもはるかに強力な持続性のある絶頂経験をすることが可能です。瞑想が深まり、エネルギーの流れが上方へ昇華したら、開花した花から花弁が自然に落ちていくように、低い波動領域の離欲が起こります。

光田　多くの人が瞑想とヨガによる絶頂経験を望みますが、その前に性エネルギーの深い理解と経験、昇華が必要なのですね。

森井　性エネルギーは、誰もがいつかは昇華していかなければならないもの。イエス大師が「人はパンのためのみに生きているのではない」と語ったのは、このような意味も含まれます。

離欲は、植物が実を結ぶ前に、開花した花の花弁が一枚ずつそっと離れていくように、世俗的・感覚的快楽への欲求が自然に消えていく現象です。そこに抑圧はありません。

人は、よりよいものを手に入れると、より劣ったものを手放しやすくなります。プラスチックでできた玩具のネックレスを大事にしていても、本物の宝石のネックレスを手に入れたら玩具は手放すでしょう。玩具の車を大切に持っていても、本物の車が手に入ったら玩具の車に固執する必要はもうないでしょう。

それは、肉体的な性エネルギーと霊的な性エネルギーの関係に似ています。人も宇宙も、各段階を上がるごとにより神の意識に近づき、下の段階の時に囚われていた欲は自然と離れていきます。もし、欲を抑えつけたままの状態で上の段階に上がろうとしても、心が囚われて上がることは困難です。

現代社会がやっていること、そして多くの宗教がやってきたことは、性を根底から否定し、抑圧し、神の意識に近づいた錯覚を作ることです。

光田　性エネルギーの真の有効利用のためには、まずはその錯覚に気づき、手放すことが不可欠ですね。

私たちは、地上に肉体を纏ってやってきた意味をもう一度よく考えてみる必要があると思います。

人は忍耐によってその魂を得る

森井　ついつい長くなってしまいましたが、話を戻して、先ほどの性エネルギーを昇華することができた男性のように、転生を繰り返すうちに霊性を向上させていく最終目標をケイシーはどのように述べているのでしょうか？

光田　われわれが霊において未熟である頃には、カルマのお陰で成長の方向を知り、正しい方向に修正することができます。しかし、いずれ「カルマの世界」から脱して、われわれは「恩寵の世界」に入る。これがケイシーの主張ですね。しばらくはカルマの手助けを得て成長するけれど、いずれそれを必要としなくなり、われわれは自ずから高まる道に進むようになるというのです。

そして、われわれはついには、この最も崇高な「自由意志」を使って、宇宙の最上のものを共に創り出そうという欲求を抱くようになり、究極的には、人間の最終的な意識状態として、リーディングの言葉でいうならば「Be yourself Yet ONE with ALL!」という状態に到達します。

つまり、「自分が自分であるという意識をもちながら、しかしながら、宇宙全体（万物）と一体である」という意識状態に到達するわけです。霊性進化の結果として、「自分」という意識が消滅するのではなく、驚くべきことに、それぞれが「自分」であるという個別的な意識を持ちながら、神の御心に見事に一致して創造活動に参加していきます。

それは、神に強制されて達成した意識ではなく、自分の自由意志を最高度に発揮した結果として、それぞれの魂がそれぞれのやり方で自分の意志を神の御心に一致させ、創造の喜びに浸る。栄光の上にもなお栄光を何段も重ねたような世界にわれわれは躍入する。

森井　まさに、霊的な進化、変容の道行そのものですね。

光田　そのとおりです。ケイシーのリーディングの中に今回の人生をもって肉体への転生を卒業する可能性があるとされた人が18人いますが、まさに神の御心に一致し、自然の摂理に調和した愛の波動を実践する人たちであったようです。仏教修行での究極の目的である輪廻転生から脱出する解脱を達成したということにもなるのでしょう。

ケイシーによると、彼らは徹底した奉仕の人であり、愛によって自己中心性を克服した人々であったということです。衝動性は忍耐へと高められ、怒りのエネルギーは情熱へと昇華され、情動は思いやりのエネルギーへと変容されているのです。

森井　エドガー・ケイシーは「忍耐は、愛の変化形である」と教えてくれていますね。

多くの人は忍耐を、「じっと我慢して耐え忍ぶこと」だという認識を持っています。でもその認識は、忍耐の最初の段階であり、実は忍耐には二段階があるのです。

最初は、「我慢して耐え忍ぶこと」困難や辛いことがあっても、じっと耐えます。これは「受け身の忍耐」の形です。

次の段階では、「心が真から平安で、心を愛で満たすこと」。これが本当の忍耐の正体だと思います。心が深くまで安定し、愛で満たされていれば、どんなに困難で辛いことがあっても、心は平静でいられます。これが「積極的な忍耐」の形です。

光田　ケイシーは、われわれが霊的成長を目指す上で、最初に鍛錬すべき徳目は「忍耐」であると主張します。これこそが、霊的鍛錬の土台であり、これなくして霊的成長はありえません。ちょっとしたことで腹を立てるような人が、「自分は霊的に成長している」などと言おうものなら、その人は大嘘つきです。霊性成長の最初の課題が「忍耐」なのですから。

森井　全くそのとおりですね。「忍」という字は、「心」の上に「刃」を乗せています。名刀の立派な刃というのは、何度も何度も心を込めて鋼を叩いて作られます。ポンポンと一回二回叩いただけで作ることは不可能です。名刀であればあるほど、心をこめて何度も何度も叩かれているものなのです。

名刀を作る鍛冶屋は、心をこめて繰り返し刃を叩きつづけます。この工程は、鉄の形を整えているのではありません。繰り返し叩くことによって鉄の結晶が微細化されて結晶の方向が整い強度を増し、それと同時に、鉄の中に含まれる不純物が叩き出されるのです。

名刀の刃を優れたものにするために、すべての工程が、とても丁寧に、とても慎重に行われます。しっかりと叩かれて鍛錬された刃は、叩かない刃と違い、はるかに衝撃に強い、柔軟かつ強靭なものとなります。

人の忍耐も、名刀と同じです。あまり叩かれないうちは受け身の忍耐ですが、繰り返し丁寧に叩かれるうちに、積極的な忍耐へと変容していきます。

忍耐を、受け身から積極的なものへと変容させるには、何度も何度も困難に直面し、克服していくしかありません。生きていると、さまざまな場面で小さな忍耐の必要なことがたくさんありますが、それらはすべて忍耐を学ぶよい機会なのです。

光田　ケイシーによると、太陽系の中で地球は三次元の世界だといいます。その次元とは、「時間・空間・忍耐」であり、地球に入るということは、この「時間・空間・忍耐」を体験し、習得することであるとされます。

リーディングは「人は忍耐によってその魂を得る」というイエスの言葉もよく引用しました。忍耐は我慢とは異なります。我慢は、自分の言いたいことに口をつぐんでいる状態です。忍耐は、高い目的、高い志があるがゆえに積極的に耐えて進む状態を指します。
われわれに求められているのは、この意味での忍耐です。地球とは別の星界では、いろんな事が瞬時に具現化してしまうので、忍耐を学ぶことがとても難しい。肉体に宿って時間と空間の世界にあるからこそ、われわれは忍耐を学ぶことができるわけです。
地球に生まれた以上、最低限「忍耐」は習得しないといけませんね。

聖書にも描かれている生まれ変わり

森井 ところで、敬虔なクリスチャンだったケイシーは、リーディングで輪廻転生が語られることを受け入れることができずに苦しんだのですよね。

光田 はい。「悪魔が私の口を借りてしゃべっているのではないだろうか」と悩み苦しみます。

森井 ケイシーはどのようにして、輪廻転生を受け入れていったのでしょうか?

光田　眠れるケイシーに納得がいくまで質問をしていきました。

前世をなぜ憶えていないのかと問うと、それは赤ん坊や乳児の頃のことを思い出せる人がほとんどいないのと同じことだと説かれました。

なぜ地球の人口が増減するのかという疑問に対しては、魂の総和は一定だけれども、地球の環境によって生まれ変わる魂の数が変動するという答えが返ってきました。多くの人口を養うことができる時代には生まれ変わりの周期が早くなり、環境が悪化すればその周期は長くなるというのです。

そういった答えの一つひとつに、ケイシーを納得させるのに充分な説得力があったのですね。

森井　では、キリスト教が輪廻転生を認めていない点については、ケイシーはどのように考えたのでしょうか？

光田　それこそケイシーにとって最も重大な疑問であり、リーディングに直接質問しています。「聖書のどこにも生まれ変わりの記述はありません。イエスは生まれ変わりについて語らなかったのでしょうか？」と。

リーディングは「イエスは民衆に生まれ変わりについての多くを語り、また初期の聖書には輪廻転生に関する記述もたくさんあった」と答えます。そして「キリスト教の教義が整備される過程で、キリスト教の初期の神父たちが、生まれ変わりの概念があると民衆を信仰に導いたり、教会の権威を維持するには不都合があると考え、そのために聖書から生まれ変わりに関係する記述を削除したのだ」と主張しました。

しかし、聖書における輪廻転生の記述は、完全には削除されていないということで、それら輪廻転生の記述が残っている箇所を教えてくれました。一番わかりやすいのは「ヨハネの福音書」の第8章です。ある時イエスが、当時イエスを目の敵にしていたパリサイ派の人たちに取り囲まれました。その時にイエスが「私はアブラハムに会ったことがある」と言うのです。しかも、「アブラハムは私を見てとても喜んだ」と言った。

アブラハムはユダヤ人の始祖として信仰の対象で、イエスの時代からすれば1500年ほども前の人物です。それに対してイエスは30歳そこそこですからね。パリサイ派の人たちは戒律を何より大切にする生粋のユダヤ教徒ですから、神をも恐れぬ荒唐無稽な話だと大層怒りました。

森井　それは過去生で実際にお会いになったのですね。

光田　そのとおりです。リーディングによれば、イエスご自身は30回ほどの転生を経ておられ、その過去生のうちの一つが大祭司メルキゼデクだった。そのことを主イエスご自身が知っておられたのです。

サレムという町にメルキゼデクという宗教上のトップがいて、アブラハムがそのサレムを通過する時に、敬意を込めてメルキゼデクのもとを訪れ、自分の財産の10分の1を献上するんです。すると、メルキゼデクはそのお礼にパンとぶどう酒でアブラハムを祝福したと。これは旧約聖書の創世記に書いてあることなんですね。ケイシーによると、イエスが話したのはその場面のことだったのです。

森井　イエスはパンとぶどう酒で祝福しますが、過去生の時からそのようにされていたのですね。

光田　そうです。「ヨハネの福音書」第8章のこのエピソードは、イエスが日頃から人々に輪廻転生を語っておられただけでなく、イエスご自身がご自分の過去生の様子を知っておられたと考えなければ、成り立たないことです。

すなわちこれは、二重の意味で驚くべきことであり、現在のクリスチャンたちからすれば、教義の根幹を揺るがすような主張です。しかし、もしこの主張がキリスト教世界で受け入れられるようになるならば、キリスト教は、仏教やヒンズー教などを含めた他の宗教と深いところで親和できるものになるはずです。

それ以外にも聖書の中には、あちらこちらに生まれ変わりを前提にしなければ意味不明なところがあり、ケイシーは3ヶ月くらい問答を繰り返した後に、ついに納得して、それからは生まれ変わりを受け入れるようになりました。

森井　削除されているところがあるとはいえ、ケイシーが大切にしてきた聖書は素晴らしいものであり、イエスが間違っていたのではないということが分かったのですね。

光田　そればかりではなく、輪廻転生を受け入れることで、ケイシーの聖書と主イエスに対する信仰がいっそう深まり清まったのです。

輪廻転生の中で培われていくもの

光田　最近は自らの前世を覚えている、あるいはケイシーのように人の前世を見ることができるという人がとても増えています。

ケイシーはもちろん、森井先生をはじめ優れた先生方による、明らかな信ぴょう性があり普遍的な真理に繋がるお話は、お聞きする私たちにとって学びの深いものですが、目に見えない世界のことですから、鵜呑みにするのは危険なことだとも思います。

森井　はい、危険ですね。様々な人の話は、従うものでもないし、情報として単に知識欲を満たすためのものでもありません。すべての情報は、自分の中で取捨選択しながらしっかりと消化して、自分自身の道標のために使うものです。

地球では、様々な霊的発達段階にいる人たちの話を聴ける機会があります。そこで大切なことは、それらを自分の中でしっかりと消化吸収することによって活かすこと。私の話すことを信用してくれと言うつもりはないですし、そもそも細々とした前世の記憶を無理やり掘り起こすことはあまり意味のないことだと思います。

光田　不必要な前世の記憶をエゴによって知るのでは、生まれ変わってくる時に、わざわざ一度すべての記憶を失って生まれてくる意味がなくなってしまいますよね。

森井　記憶を失い無垢な状態で生まれ変わってくることは、とても大切なことだと思います。毎回の新しい生を、無垢な状態で観察できるからです。

ほとんどすべての人は、自分の知識や経験、概念、偏見などのフィルターを通して、本質から離れたイメージを作り出して外の世界を見ています。でも、イメージによって世界を見続けることは、霊性進化の妨げとなりうるものです。

誰もが、子供の頃には、世界のあらゆるものが輝いて見えていたはずです。見るものすべてが新鮮で、何を見ても何をしても嬉しくなったはずです。それは、知識や経験、概念、偏見などのフィルターのない、言葉を超えた無垢な状態で世界を見ているからです。

こういった純粋な知覚は、カルマを効率よく解消する役に立つと思います。

光田　すべての記憶を失って生まれてくること自体が、カルマを解消するチャンスを与えられているということですね。

でも、逆もまた然りで、新たにカルマを積んでしまう可能性もある。輪廻転生を確信すると、悪いことができなくなります。人が見ていようがいまいが関係ありませんから。

森井　良くも悪くもすべて自分に戻ってきますから、絶対できませんよね。

光田　それから、死んで終わりではないということが分かったことで、自分の努力に対して、それが報われないという発想がなくなりました。人の評価はもちろん、今生で達成できるかどうかなども関係なく、必ず報われるという発想にすっかり変わってしまいました。

私は自分の魂の人生設計を、おおよそプラスマイナス２０００年で考えるようにしています。いま少しばかりピアノの練習をしているのですが、次の転生ではもうちょっと練習する予定ですよ。

森井　ピアノはいいですね。芸術の感性というのは持ち越せますからね。

光田　はい。ですので、今生でちょっと練習しておいて、次でもう少し練習して、次の次の転生でショパンの幻想即興曲を弾こうと思っています。

森井　それはいい！

光田　森井先生も絵を描かれたり、彫刻をされたり、先日は服までデザインされていましたものね。

森井　はい。私は創造性を大切に活用することが大好きです。美しいものに触れたり、美しいものを創ったりするのは至福のひと時ですよね。

先ほどもお話しした通り、顕在意識の中での記憶にはなくとも、魂にはこれまでのすべての人生で培われた素晴らしい特性が記録され、今の自分へと引き継がれています。

例えば、宮大工が外科医になったら、繊細かつ大胆に美しく手術ができる。料理人が音楽家になったら、美しい旋律により味わいを加えられる。芸術家や冒険家が物理学者になったら、未知の探求で新たな成果をあげることができる……。

本来はそんなふうに、すべての人が、生まれ変わるたびに創造性を豊かにしていき、深みを増していくことができるのです。

近年、生まれてからの時間だけで培われるとはとても思えない、突出した才能を発揮する人が増えていますが、この多様な創造性の広がりは、実は生まれ変わりの時の忘却のベールが薄くなっているからです。

光田　たしかにそれは分かるように思いますが、なぜでしょう？輪廻転生を確信できる人が増えているからでしょうか？

森井　そうですね。地球が霊的太陽に近づいている影響か、天の理と地の理の境目が薄くなっているように思います。それによって、過去生を覚えていたり、確信している人が徐々に増えてきていることも流れとしてはあると思います。
過去生を思い出したいと願う人は多く、私もよく質問されるのですが、自分の中の愛と許しの力がある程度強くなれば、そして、今回の生における目的の理解が明確であれば、自然と思い出すものです。

また、小さな頃から自分の過去生や未来生、その間の記憶を保持または取得できる人は、他人と自分に対して、愛することや許す力がすでに備わっているようです。

もし、一緒に遊んでいる友人が、過去に自分を殺した人だと覚えていたら、どう思い、どう行動するでしょうか。自分が過去生で侵した過ちを覚えていたら、どのようにして心の整理をつけるでしょうか。それを許せる力を身につけた時には、自分の過去を思い出せるでしょう。あとは、言葉を超えた領域に意識を置けるようになった時、でしょうか。

光田　愛と許しの力……。

森井　許す力は、すべての人が地上で学ばなければならない、最も難しい課題の一つだと思います。私たちは「許し」を学ぶために来たと言っても過言ではないほど大切なことであり、輪廻転生を繰り返す中で様々な試練を通して培ってきた経験の結晶のようなものだと思います。お金で買えるものでもなく、本を読んでも身につくものでもなく、教えてもらってできることでもありません。

「許し」とは、現代社会では、加害者を無罪放免にすることだと思っている人がほとんどです。

でもそれは違います。「真の許し」とは、加害者を無罪放免にすることとは関係なく、自分自身の心から負の感情を完全に消し去ることです。

自分自身で数多くの困難と犠牲という厳しい試練を経験する中で、慈悲の心と共感力を育んで乗り越えていきながら、少しずつ許す力を強化していくしかないのです。

光田　いま目の前にある困難を、輪廻転生とカルマという視点で捉え直すことができたならば、それに積極的に取り組む意識も出てきますね。

私の大好きなリーディングの一つにこんなものがあります。

ある人が、「私はどうすればイエスと同じような愛を持つことができますか?」と尋ねたのですが、それに対してリーディングはとても簡潔に「By practicing it.」、つまり、「練習することによってである」と答えたのです。許しの力はもちろん、愛する力も「練習によって培う」ものなのですね。愛する力に乏しかった私は、いまも、「愛する」を練習している最中です!

第5章

聖典の叡智を学ぶ

夢は魂からのメッセージ

森井　光田先生はエドガー・ケイシーに出会うことで、ケイシーを通して本格的に霊的な世界を探求することになったのだと思うのですが、どのようにその歩みを進められたのでしょうか?

光田　ケイシーに出会ってからというもの、とにかく彼の本を一生懸命に読みました。翻訳されていないものは洋書で取り寄せて、英語で読んでいました。

それから、ケイシーは「夢はとても重要である。魂からのメッセージだからおろそかにしないように」と説いていたので、夢で見たことについては魂からのメッセージだと捉えて、自分なりに解釈し、できるだけ人生に活かすようにしました。

実際、私が大学院に合格できたのは、夢で見た問題が本当に出題されたからですし、ケイシーセンターを設立する時も、結婚する時も、その他実に多くの意志決定を、夢が後押ししてくれました。

森井　夢で魂からのメッセージを受け取るために、何か特別なトレーニングをされたのですか？

光田　いえ、特別な訓練はしていません。ケイシー先生への敬愛の念が私の魂を活性化したのか、自然にそういった夢が見られるようになったのかもしれません。

ただ、夢は必ず象徴で現れます。ストーリーと象徴で教えてくれるので、それを読み解く必要があります。

ケイシーは象徴の解釈の多くをリーディングで示してくれています。夢に出てくる象徴と現実の解釈は１対１というわけではありませんが、大体が決まっています。例えば、「蜂」が出てきたならば、「嫉妬」の象徴ということが多いというふうに、象徴の意味合いと組み合わせを学んでいけば、だんだんと解けるようになります。

森井　大学院をご卒業されて、すぐにケイシーの探求の道に進まれたわけではないのですね。

光田　本当は『転生の秘密』を世に出した、たま出版に入ろうと思っていたのですが、忘れもしません。大学４年生の時に、たま出版に電話をかけて「『転生の秘密』を読んで救われた学生です。ぜひ、御社に入れてください！」と、頼んだんですよ。でも、「そんな人は要りません」と断られてしまって。

森井　そんなことがあったのですね。

光田　はい。それで仕方なく大学院に進み、大学の教授に勧められるままに茨城県東海村にあった政府の原子力の研究機関に入って、そこで4年間プルトニウムの研究をしました。

でも、いま振り返ると、回り道をしたように感じていたことが、後々ケイシーの研究に大いに役立ったのです。だから今では、宇宙はそのことを見越して、私に遠回りに見える道を進ませてくれたのではないかと思っています。

例えば、私は大学院で「金属電気化学」という分野を専門に勉強するわけですが、これはケイシーを研究するようになって、神経系の難病を治すときに必要になる「ウエットセル（湿電池）」という装置の仕組みを理解する上で、もっとも必要な学問分野でした。

また、原子力の研究所では、ウランに紫外線を照射してそこから出る蛍光をスペクトル分析するということも研究したのですが、ケイシー療法でがんを治す時に使用する「フラーレン・フォトセラピー」を理解するには、この時の研究が大いに役立ちました。

ケイシーの研究が後々はかどるように、宇宙は私に必要な準備をさせてくださったのだろうと思います。

森井　宇宙の用意した魂のシナリオには、無駄がないということがよく分かりますね。研究機関を辞められた時も、やはり夢を見られたのですか？

光田　そうです。28歳の時、辞めるべき時がきたと思わせられる夢を見て辞めることにしました。研究所の同僚たちは夢を見たから辞めると聞いてびっくりしていましたね。

森井　たしかに、いわゆる世間の常識からはかけ離れた選択ですからね（笑）。それで、研究所を辞められてからはどういったことをなさっていたのですか？

光田　実は、退職を決めることになる夢を見たのとおなじ頃に、私はもうひとつ重大な夢を見たのです。

森井先生はご存じだと思うのですが、『A Search for God』というエドガー・ケイシーが「自分の遺した最大の業績である」と語った本があります。リーディングのエッセンスが詰まった、ケイシーの探求者たちの「バイブル」のような本です。

当時の私はこの本を早く読みたい、誰か早く翻訳してくれないだろうかと思っていたのですが、なかなか誰も翻訳してくれない。その本が夢の中に出てきたのです。

森井　どんな夢だったのでしょう？

光田　夢の中で、私は西洋風のバスタブに入っています。バスタブの中で体をゴシゴシ洗っていると、泡の下から私の目の前に甲子園のプラカードのようなものが上がってきて、そこに『A Search for God』と英語で本のタイトルが書いてある。そのプラカードがクルッとひっくり返って『神の探求』という日本語になって……そこで目が覚めました。

森井　それは示唆に富んだ夢ですね。

光田　はい。自分なりに解釈してみたところ、まずお風呂に入っていたので「自分を浄化しなさい」ということかと。そして浄化したのちに英語のタイトル『A Search for God』が日本語の『神の探求』に変わった。これは私が翻訳者として指名された気がしたのです。

でも、私は今まで一度も翻訳をしたことなどありませんし、実際に私の翻訳が出版されるかどうかもわかりません。

でも夢はそういっているのだからと思って、研究所に勤めながら翻訳を始めてみたのですが、とてもじゃないが仕事をしながら片手間に翻訳できるようなレベルのものではないということが判明して、もうこれは潔く会社を辞めて翻訳に専念するしかないと思ったのです。

霊的成長を目指すための教科書

森井　それからずっと『A Search for God』の翻訳を？

光田　そうですね。退職後は何の当てもない状況のまま、二年間ひたすらケイシーを読んで探求する日々を過ごしました。

　ところが、なんとなく横のもの（英文）を縦に（日本語文）にはできても、意味がわからない。訳した本人に意味がわからなくては使い物になりません。

　というのも『神の探求』は、薄い本ではありますが、この本を出すためだけに、ケイシーは12年間にわたり１３０件ものリーディングをとったのです。本文の大半がそれらの難解なリーディングの抜粋で、所どころに編集者が説明を加えたという体裁の本で、七割近くが生のリーディングなんです。

　特に、森井先生も感銘を受けられたアファーメーションについては、キリスト教の雰囲気が非常に濃く、キリスト教についての理解が不十分だと意味が全くわかりません。キリスト教のことを何も知らない私には全く歯が立たず、最初の二年でかたちばかりの翻訳は仕上がったもののの、これでは外に出せないと思いました。

森井　そこで、キリスト教を理解するために聖書の研究を始められたのですね。

光田　そうです。この翻訳はキリスト教を徹底的に理解しないとできないと思って、そこから聖書を勉強し始めました。最初のうちは、普通に世の中に出ている聖書の解説書をいくつも読んだのですが、それだけではリーディングの語る聖書を理解するには不十分でした。リーディングの教える聖書の理解の仕方は、教会で教わる聖書の考え方とずいぶん違うのです。

森井　ケイシーは聖書の中に生まれ変わりを認めますし、イエス自身が30回もの転生をしていることが前提ですからね。

光田　翻訳をしていた頃は、それを知らなかったですからね。それで、「これはリーディングを元に聖書を理解するしかない」と思いました。

ちょうどその頃、ケイシーの全リーディングが1枚のCDになりましてね。その中身を解析して、ケイシーが聖書について語っているところだけをすべて抽出するプログラムを作りました。そして、それを頼りに、創世記から黙示録までをリーディングに従って順に読むことにしたのです。

森井　それはすごい！の一言に尽きますね。

光田　研究所で習得したプログラミングがここで活かされましたね。数年かかりましたが、こうした努力によって私にも聖書のおもしろさが分かるようになりました。そして、その成果をもとに、もう一度『神の探求』を翻訳し直したのです。

　前後して念願だったたま出版への就職がかない、勤めながら日本エドガー・ケイシーセンターを設立し、と様々な動きがあったのですが、その間もずっと翻訳作業は続きました。結局、上巻を翻訳するのに15年、さらに、下巻を翻訳するのに6年、全部で21年かかりました。

森井　それだけ長い年月をかけてひとつのことを成し遂げられるのは、やはりケイシーを探求する思いの純粋さゆえですね。エゴが入っていては、とてもできないことです。

光田　『神の探求』を翻訳している時に、たま出版の方から「光田さんに翻訳を預けてからもう10年もたっていますよ。別に翻訳したいという方がいるので、その方にまかせてもいいですか？」と聞かれたことがありました。

　もしもエゴがあったなら「止めてください。私はこの翻訳のためにすでに10年以上も費やしているんですよ！」と言ったかもしれません。でも、私は直ちに自分を捨てて「もしその方の翻訳が良い形でできたのならば、ぜひそちらを出版してください」と答えました。
結局その方の翻訳は仕上がりませんでしたが、私はどちらでも良かったのです。なぜなら、重要なのはこの本が良い形で翻訳されて本になって、ケイシーのリーディングが多くの人の福音となることなのであって、自分の名前で出版されることではないですから。

森井　日本でいま、『神の探求』を通じて、ケイシーの叡智に触れることができるのは、光田先生のおかげです。本当にありがとうございます。

光田　いえいえ、たまたま宇宙がそのような役回りを私に与えてくださり、私も拙ない訳ながら、なんとか翻訳を仕上げることができたというだけですから。あとは、本書の備えている霊的息吹が、ご縁ある日本の方々に受け入れられ、本書を通して鍛錬された方々の人生に、豊かな祝福が注がれることを願うばかりです。
なにしろ『神の探求』は単なる読み物ではなく、霊的向上、霊的成長を目指す人のための教科書、ガイドブックですから。生涯を通じて何度も何度も読み返し、一行一行を味わい、書かれていることを実践し、自分の弱さ、脆さと格闘しながら自分の血肉にしていくためのものです。ですから私自身も、翻訳を終えた今でも、探求は終わることなく続いています。

森井　『神の探求』は光田先生の探求による翻訳を経て、多くの日本人に読まれるべき、まさに聖典となったのですね。

聖典を深く読み解く方法

光田　それにしても、森井先生はケイシーについて本当にお詳しいですね。

森井　光田先生には全く及びませんが、たくさん本も読みましたし、ずいぶん前になりますが、ケイシーのリーディングの翻訳ボランティアをしていたこともあるのです。

光田　そうでしたか。それは全く知りませんでした。ありがとうございます。それではきっと、ケイシーのリーディングで多用されている、私たち日本人にはあまりなじみのないキリスト教独特の表現や用語も、よくお分かりになられるのですね。

森井　いいえ、翻訳にはとても苦労しました。もともと聖書は読まないし、キリスト教についても関心がありませんでしたから。

光田　なんと！　それではどのようにしてリーディングを理解されたのでしょうか？

森井　言葉に関しては、誤訳をしないよう辞書を片手に一つひとつ調べて、理解していきました。

しかしそれと同時に、ケイシーのリーディングも、聖書をはじめとする多くの聖典もそうなのですが、言葉を超えた部分で、深い真理を暗号のように盛り込んで、しかも二重三重に巧みに組み合わせて著されているものなのですね。

光田　聖典は各人の霊的成長の段階に応じて理解の度合いが変わってくる。まことに素晴らしい恩恵ですね。

森井　はい。私はそれらを、深い瞑想に入りヨガの技法などを使って、奥深いところで読み込んでいくということを試みてきました。

拙著『君が代から神が代へ』の中では、日本の国歌である「君が代」を自分で読み解くための、初歩的なテクニックについて書きました。実は「君が代」には、たった32文字の中に普通の人間が、神と合一するまでの変容の様子や変容の方法、それに人間だけではなくて今の宇宙が新しい宇宙にエネルギーシフトする時の変容の様子まで、様々なレベルのことが表されています。

それから、旧約聖書、創世記のアダムとイブの一節についても、比較的理解しやすい一面をご紹介するなどしています。

光田　いちばん奥深いところにまでは、あえて語らないということですか？

森井　そうですね。言葉を使って、言葉を超えた領域を頭で理解していくことには限界があります。そのため、答えを書くかわりに、答えの見つけ方を書いています。まず深い瞑想に入り、第三の眼で実際に霊光を見て、霊的中枢の音に耳を傾け、それからエネルギーを上に引き上げる。そうすることで、ゆっくりと読み解けるようになっていきます。

自分の体を使うと、「君が代」や「創世記」だけではなく、様々な聖典が深いところで読み解けるようになってくるんですね。それは、「ヨハネの黙示録」や「君が代」をはじめとする多くの聖典が、人が地上へ下りてきてから再び神へ合一するまでのプロセスの一部、または全容が隠されているからだと思います。

光田　非常に興味深い読み解きですね。

森井　私は、様々な聖典を読む時に大切なことは、「君が代」と同様に「頭を無駄に使わないこと」だと思っています。頭は、ハートの意図を論理的に整理するためのもの。頭を優先すると、論理的な言葉のある世界は把握しやすいのですが、言葉と妄想の迷宮に入り込み、確実に解釈が歪んでしまうと思うのです。

それゆえ、私は聖典を読む時には深い瞑想に入り、ハートで読むことを心がけています。それは、ハートや直観を主体にすると、言葉を超えた世界へと飛躍しやすいからです。

光田先生からも、聖典を深く読み解いていくためになさっていることやアドバイスがあれば、ぜひ教えていただきたいです。

光田　聖典を読んでいる時に、自分の胸が「熱く充溢《じゅういつ》」してくるようなら、少なくともその時点では、その解釈で良さそうだという判断はできると思います。いくら理知的に了解できたとしても、胸が熱くならなければ、霊性に響いていない証拠ですから、具体的な力にはならないでしょう。

それから、体験によって判定することも重要だと思います。自分が理解したと思う聖典の教えを、実際に自分の人生に適用した時に、それが機能するかどうかですね。それによって人間関係が浄化されるか、自分の人生がますます自由になっているかどうか……。そういった確認作業をしていけば、解釈の歪みに落ち込まずに済むと思います。

森井　なるほど。たしかに、聖典は読んで教養を身に付けるものではなく、実行・実践して自分を鍛錬するためのものですものね。

光田　まことにそのとおりですね。
そういえば、森井先生の師匠であるヨガナンダ師は聖書にも精通されていますよね。師による「ヨハネの福音書」の解説書があるくらいですから。

森井　そうですね。おそらくほとんどがキリスト教徒である西洋の人たちに、ヨガの行法を教えるためには聖書に通じることが必要だったのだと思います。

光田　そういったこともあるかもしれませんが、それ以上に、ヨガナンダ師ご自身がイエス・キリストを非常に敬愛しておられたのでしょう。

森井　はい。しかも、二人は霊的に直接出会っていますから。

光田　たしかに、そうですね。

森井　ところで、今回お会いする少し前に、光田先生がケイシーを通して新約聖書の「ヨハネの黙示録」を探求されているということを知って、手術の合間に時間をつくって何度か黙示録だけを読んできました。

そうすると、ものすごく面白いのですが、精密に読み解くためには他のケイシー理論と同じように一定の体験や瞑想のような技法が必要なのではないかという感覚を持ちました。

光田　あとは読み解く方法ですね。

先ほどもお話ししたとおり、私は長らく研究してきたケイシーの霊学に基づいて旧約聖書、新約聖書を読み解き、その叡智を聖書講座を開くなどしてシェアしてきましたが、読み解く方法を習熟していくと、分からなかった意味が非常にクリアになってきます。

新約聖書の最後を飾る「ヨハネの黙示録」について、ケイシーは1933年から10年がかりで注釈リーディングを残してくれています。リーディング中に黙示録を書いたヨハネ本人が登場して、自ら黙示録を解説するということもありました。

また、後半についてはリーディング情報が少なくなるために、ケイシーの霊学を導《しるべ》としながら、森井先生のおっしゃるとおり私たち自身が自らの体験をもって読み解いていくことが必要となります。

しかし、ケイシーの霊学を深く学んでいれば、明解に読み解くことが可能ですから、講座ではそれらを解釈試案としてシェアしています。受講してくださった方は、皆さんケイシーの明解な解釈に驚愕されます。

森井　なるほど。私もその講座で学ばせていただけばよかったですね（笑）。

私は無謀なことに、何も知らずに最初はインターネットで検索して読もうとしたのですが、いくつか訳があってそれによってかなり内容が違うのですね。ただ、読んでいるうちに、訳の違いはシンボルの表現の仕方がちょっと違うだけで、シンボルに遡ってしまえば同じだと気づきました。

ひとつだけ気になったのは、序盤の文章が「ずれている」という感じがしたのですが……。

光田　やはりそう思われましたか。おそらく、最初の数節は後世の人が付け加えたものだと考えられ、ヨハネ自身の言葉は途中からはじまるのです。

物語の格を上げて神格化するために言葉が付け足されているだけで、幸いなことに本編はほとんどそのまま生きています。

森井　かなり違和感があったのですが、そういうことでしたか。非常に納得しました。

黙示録というのは、英語では「Apocalypse（アポカリプス）」と言われるのですよね？ つまり「啓示」ということになると思うのですが、黙示録というとなんだか……。

光田　何か恐ろしいものが隠されたような、不可解で謎めいた象徴に溢れていますから、終末預言だというふうに捉えてしまっている方が多いのではないでしょうか。

森井　そうですね。そして、それを読み解くというと、隠されている怖い予言を暴くというような気がしてしまうのですが、私が読んだ限りで言うと全くそんなことはなくて、自分自身の霊的覚醒を開くような記述になっていると感じるんですよね。

光田　まさにそのとおりだと思います。ケイシーも「黙示録は地球の終わりについて書かれた預言の書ではなく、私たちの霊的成長の過程、それにともなう肉体的、精神的、霊的変化のプロセスを、ほとんど解剖生理学的な精密さで解説したものである」と主張しています。

「ヨハネの黙示録」は霊的トレーニングのテキスト

森井　黙示録はやはりある程度の霊的な、私であればヨガの知識、そして実践と体験がないと読み解けない部分が多くあるのではないかと感じます。

「7つの教会」とか「7つの星」などという箇所は、間違いなく体にある7つのチャクラのことを言っていて、それは体験を通じてしか分からないのではないかと思うのですが……。また、同じ7つでも「7つの封印された巻物」などは、解釈の深度によっては、創造主から発したエネルギーと意識、つまり5つの元素と2つの意識（感覚意識と知性・理性）を示していると解釈することもできます。同じ数字でも読み手の段階に応じて、二重三重に意味が重なり合い、解読者が、一定の霊的進化を遂げた段階に来ると初めて読み解くことが可能となるというのはとても面白いです。

光田　たしかにそうですね。体験と、それからシンボルを読み取るだけの力量がないと分かりません。

そしてもうひとつ、森井先生は先ほど創世記の読み解きのお話をされていましたよね。黙示録を解読するには、まずは旧約聖書の創世記を理解する必要があるとケイシーは主張しています。創世記には、魂が地球に魅せられ、地上的な欲望に嵌《はま》っていく過程がありありと描かれているのですが……。

森井　おっしゃるとおりですね。創世記には、人体と心、それに生命エネルギーの秘密がしっかりと書かれていますから。黙示録の前段階に読むべきだと思います。

光田　いやあ、すでにそこをクリアされているというところが素晴らしい！

森井　ケイシーは黙示録に関して、具体的にどのようなかたちでリーディングを残されているのでしょうか？

光田　黙示録に関するリーディングは、重篤な神経過敏症を患っていた女性のフィジカルリーディングの中で、初めて指摘されました。

その女性は4歳の時にジフテリアの予防接種を受けたのですが、それが原因で身心のバランスが崩れ、10歳の時には「神経過敏症」という診断が下ったそうです。思春期からはいよいよ症状が激しくなり、暴力、暴言などを繰り返すようになって、高校の時に学校で一騒動起こし退学させられました。

彼女の母親も娘を平静にしようと様々なことを試みたのですが、何の成果も得られず、彼女が20歳の頃には母親も半狂乱になり、娘を殺して自分も死のうとしたことが何度もあるそうです。それくらい彼女の精神は破綻していたのですね。

森井　その女性のためにリーディングがなされたのですね。

光田　ええ。リーディングは、ワクチンの毒素が彼女の神経・内分泌系を乱した原因であると指摘し、さらに、彼女の精神のアップダウンが月の相と関係していることを指摘しました。とりわけ、新月の頃に彼女の精神が浮かれ騒ぐことを指摘し、その原因が、彼女の腰椎と仙骨の圧迫にあり、そこから不用意にエネルギーが松果体に向かって上昇することが真の原因であるとしました。

そして、ここが驚嘆するところなのですが、ケイシーは、「彼女を診ている内科医が、『ヨハネの黙示録』を読むならば、彼女の中で起きている状態が理解できるだろう」と述べたのです。

このとき初めて、ケイシーも、ケイシーの仲間たちも、黙示録がそのような面で応用できることを知り、リーディングに問い合わせればそれが解釈可能だということに気づいたわけです。

このことがきっかけとなって、ほどなく黙示録の解釈に興味を持つ人たちのグループが作られ、黙示録を読み解くための特別なリーディング・シリーズが開始されました。黙示録は、普通に読んだのでは意味不明の奇々怪々なシンボルで溢れていますが、彼らはこれらのシンボルの意味をリーディングに次々問い合わせたのです。あるいは、自分たちの解釈のやり方が正しいかどうか、リーディングで確認したりもしています。

森井　まさか、何か世紀末を預言した書物のように考えられていた黙示録の内容が医療に活かせるものだとは、ケイシーたちはさぞ驚いたでしょうね。

光田　ケイシーたちだけではなく、現代のわれわれも驚いています。そして同時に、リーディングの叡智に畏怖を覚えます。

黙示録が、人間が霊的成長を求めて修練した時に経験することになる、生理学的、心理的、霊的プロセスを具体的に解説している書であることを見出すわけですから。

森井　黙示録に出てくる象徴、シンボルについて、ケイシーがどのように示したかを少し教えていただけますか?

光田　例えば、黙示録の中に出てくる「24人の長老」は、12対になっている「24本の脳神経」を象徴していることなどを知ると、黙示録の解釈が一気に進みます。

すべての象徴をリーディングが読み解いたわけではありませんが、その手がかりを与えてくれ、しかも、ヨハネが用いた象徴は、夢分析と基本的に同じですから、夢解釈のリーディングも黙示録解読に大いに役立ちます。

森井　光田先生が夢解釈のリーディングを長らく活用されてきたことが、黙示録の理解の助けにもなったのですね。

光田　はい。例えば、「空」が出てきた場合、これはわれわれの超意識に関わることであると当たりがつきますし、「海」が出てきた時には、われわれの「感情」あるいは「潜在意識」に関わるところであろうと推測できます。同様に、「陸」が出てきた時には、われわれの「顕在意識」であったり、「肉体生活」を指すことが推察できます。

これらは、夢解釈で用いる象徴が、そのまま黙示録解釈に応用できる典型です。

空から竜（ドラゴン）が出てきた場面を読めば、それがわれわれの超意識の領域の話であることが了解できる。海から7つの頭を持つ獣が現れれば、これはわれわれの感情や潜在意識の領域の話であることがわかる。そして、陸から2本の角を持つ獣が現れれば、これはわれわれの顕在意識の話だと分かるわけです。

森井　それぞれの場面は、どの意識が、私たちの人生にどのような影響を及ぼしているのかを説明しているということですね。

光田　そうです。実は、黙示録はある意味で、カルマの成り立ちを説明し、そのカルマに対してどのような戦いを挑むべきかを解説したものであると言うことができます。

黙示録は全部で22章ありますが、ちょうど半分の11章までが、人間の生理的、心理的、霊的メカニズムを説明したものになっています。そして12章からが、いよいよ黙示録の本題で、カルマとの対決を示しているのです。

例えば12章では、「天」から「竜」が現れることになります。竜は7つの頭を持ち、10の角と7つの冠をかぶっていると描写されます。竜とは、「カルマの複合体」であり、それが7つの内分泌腺と神経系に関係していることを黙示録は示しています。

この竜とその手下たちは、天において「ミカエルとその軍勢」と戦いますが、敗れて地上に落とされます。これは霊性を清めることで、過去生のカルマが肉体生活に一時的に現れることを意味します。しかしカルマの洗い出し現象に屈せず、霊的鍛錬を続けていくと、ついにはそれらが克服されていく。

次には海から7つの頭を持つ獣が現れるわけですが、これは潜在意識に抑圧していた意識の怪物ですね。これを浄化しなければならない。

この怪物の正体は、人と自分を比べることで生まれる「劣等感」の塊なのです。そしてこの怪物が、陸から出て来る獣に力を与え、しばらく人々を支配する。しかし、われわれがなお高い霊性に向かって生き続けていると、三年半のうちには、内分泌腺の細胞群が建設的なホルモンを分泌するようになり、われわれは肉体的にも精神的に霊的にも変容するようになる。

黙示録のこの部分を要約すると、大まかにはこのような意味になります。

森井　人間の聖なる変容と進化というテーマを理解すると、この黙示録は崇高な人生へと導く指標となる素晴らしい書なのですね。何度も繰り返して読むのが楽しみになりそうです。

「黙示録」を霊的に深く読み解く

森井　それにしても、象徴を変換していく理論は、頭だけで理解可能なものなのでしょうか。君が代などは、変換の理論では読み解くことができなかったので、やはりヨハネの黙示録にも、変換の理論を超越した解釈が隠されているように見えるのですが、いかがでしょうか？

光田　ケイシーによれば、黙示録は霊的成長のプロセスの一つの「パターン」であるため、実際にそれが自分の人生にどのような意味を有するかは、人によって異なったものになります。知的に理解された黙示録の象徴が具体的にどのような形になるかは、それぞれの人が体験して知らなければならないのです。

例えば「空から星が降ってくる」という場面が何度も出てきますが、これは超意識にある過去生の記憶が、自分の人生に影響することを意味します。しかし、過去生の記憶が人生にどのような影響を与え、それによって具体的にどのようなことを経験するかはそれぞれ人によって異なります。

黙示録は知的理解と実際の経験の二つが合わさって、初めて自分の腑に落ちるものとなるということです。

森井　なるほど、個人のレベルでの理解についてはよく分かりました。

ただ、ヨハネの黙示録も、君が代と同じように、天地照応、つまり人間の霊的進化を示すともに、地球の変容、そして宇宙が変容していく様子をも示していると思うのですが、そういう知見があれば解説していただきたいです。

光田　おお、それは驚くべきご質問です。

リーディングによると、黙示録は三つくらいのレベルで解釈可能であるとしていますが、基本的には、個人の体験レベルで解釈することを優先しています。しかし、集団に対する解釈もときどき示しています。

例えば、「手と額に獣の印を受ける」というのは、個人レベルでは、神を忘れた状態、自分と神の関係を忘れた生き方を指すわけですが、さらには、神という考え方をもたない人々の集団、人間の霊的本性を前提としない社会をも指します。

森井　ケイシーの生きた時代においては、まだ個人レベルでの理解が優先されたのですね。

今日はせっかく光田先生とお話しできる機会をいただいているので、少しだけ黙示録の解釈について読者の皆さんともシェアしたいのですが、例えば第1章に「ある主の日のこと、わたしは「霊」に満たされていたが、後ろの方でラッパのような響く大声を聞いた」とありますが、これはまさしくヨガでやっていることなのです。

「主の日」というのは、深い意識の中で現れる創造主の光の中にいる時のこと、「「霊」に満たされていた」というのは、霊的覚醒の中、至福の中にいたということでしょう。

続いて「後ろの方」というのは、延髄と松果体の部分だと思います。SRFでは宇宙エネルギー、いわゆる見えないエネルギーを人体に取り込む方法というのを習うことができるのですが、実はそのエネルギーを取り込む入り口となるのがまさに延髄なのです。

そして、「ラッパのような響く大声」というのは、霊的中枢から響く聖音だと解釈できます。

光田　延髄については、山での瞑想のお話の時に教えていただきましたね。

森井　そうでした。そして、宇宙エネルギーを延髄の部分から取り込むことで、瞑想も安定し、特定の霊的中枢の音、いわゆる「聖なる音」を聞きやすくなるのですが、「ラッパのように響く大声」と書いてある点は、ヨガの技法が解釈の役に立つのだと思いました。

このたった一文だけでも、表面的な所を読んで分かった気になっているだけで実は全く分かっていないという人が、かなりの数いらっしゃるのではないでしょうか。

光田　そうでしょうね。でも、体験が伴ってくると次々了解されることが出てきます。とにかくすべてがシンボル、象徴として書かれていますから、それを読み取っていくことが重要なんですね。

森井先生がおっしゃったのは、第1章の冒頭部分にあたりますが、その後すぐの場面で、ヨハネが語りかけてくる声の主を見ようとして振り向くと人が立っているんですね。その人というのが「右の手に7つの星を持ち、目はまるで燃え盛る炎、足は炉で精錬された真鍮《しんちゅう》のように輝き、口からは鋭い諸刃の剣が出て、目は炎のように燃えていた」とあるのですが、普通に読んだのでは全く意味不明ですよね。

でも、エドガー・ケイシーは「口から出ている諸刃の剣」というのは、上昇してきたクンダリーニのエネルギーであり、諸刃というのは使い方を間違えると自分自身を害するということを表していると主張します。ですから、それをどう使うのかということが重要で、それについてこの後詳しく述べていくわけです。

「7つの星」を持つというのは、われわれの霊的中枢、チャクラというものは太陽系の諸惑星に対応しているということ。例えば木星は脳下垂体に作用し、水星は松果腺に作用します。天王星は甲状腺に、金星は胸腺、ハート、火星は副腎腺、海王星はライディッヒ腺、土星は性腺にそれぞれ作用してくる。そんな具合に7つの星という表現ひとつ取っても、単なるデタラメではなくきちんとした意味があるのだということをエドガー・ケイシーは解き明かしてくれるのです。

ちなみに、この7つの霊的中枢についてもそうなのですが、ケイシーは「黙示録は解剖書を参照しながら読むと理解しやすい」と述べています。そういった部分でも医療者である森井先生には理解が容易なのではないでしょうか。

森井　たしかに、ちょっとした医学的知識があるほうが、理解はしやすいかもしれません。でも、きちんとした法則性に基づいていますから慣れてくれば理解の妨げにはならないでしょう。

光田　はい。統一的に明かされていきますから、変換の理論を理解して最初から第7章くらいまで読めるようになると、その後は自分で読み解けるようになります。

エドガー・ケイシーは、この難解な黙示録を、霊的成長を目指す人々が経験する生理的、心理的、霊的な変化を示すものであることを明らかにしました。

読めるようになってくると、「こんなところに霊的トレーニングのテキストがあったなんて！」と、とにかく驚愕の連続です。「このようにトレーニングしなさい」「こんな時にはこういう心境になりますから、その時にはこれくらいのトレーニングをしなさい」「その次の段階はこういうことをしなさい」と、非常に具体的なのです。

例えば、第11章でヨハネは杖のような物差しを与えられて、こう告げられます。「立って神の神殿と祭壇とを測り、また、そこで礼拝している者たちを数えよ。しかし、神殿の外の庭はそのままにしておけ。測ってはいけない。そこは異邦人に与えられたからである」と。

表面的に読むと特別重要なこともなさそうな内容なのですが、ケイシーによると、この「神の神殿と祭壇とを測る」「礼拝している者たちを数える」という二つの行為の奥に、とても深い意味が込められています。「神殿の大きさ」とは、「自身の霊的な志の高さ、生き方の志の高さ」であり、それを自覚せよということ。「礼拝している者たち」とは、「その志に対し、自分が実際に日々行っている努力」であり、それを数えなさいということなのです。

さらに、「神殿の外の庭はそのままにしておけ。測ってはいけない」とは、霊的な志以外のことは測る必要はない。つまり、金銭的な豊かさや物質的な豊かさを生きる主目的にしてはいけない。それは異邦人、つまり霊的な理想のない人たちのすることであるということになるのです。

森井　実に明快ですね。

「黙示録」が難解である理由

森井　少し話を戻してしまうのですが、太陽系の惑星と内分泌の関係もとても興味深いところです。ケイシーはたしか、「かつて火星と木星の間に惑星があったが今は破壊されてしまった」と述べていたと思うのですが、これも人体のなんらかの器官に対応していたのでしょうか?

光田　私の理解しているところでは、火星と木星の間にあった惑星は人体に対応づけるにはふさわしくなかったので、神の恩寵によって破壊された。人間の霊的進化には、あまり良い作用をしなかったということだろうと思います。

森井　なるほど。また、これは私の単なる直感なのですが、水星の太陽側にもエネルギー体の惑星が存在するように思えるのですが、このようなエネルギー体の惑星があった場合には、肉体に対応する器官があるのでしょうか？

光田　水星の近くに惑星があるかどうか、リーディングには言及はないと思います。

１９３０年に冥王星が発見されますが、ケイシーは冥王星が発見される以前に、「ヴァルカン（Vulcan）」という星の名前をごく稀に挙げていました。周囲の人たちも、ヴァルカンとは何の星だろうと不思議に思っていたのですが、冥王星が発見された時に、ヴァルカンとは冥王星のことであることが示されました。このエピソードにも驚嘆させられますね。

森井　ありがとうございます。どのようなことについても、必要であれば、いつか明かされていくことでしょう。

質問ばかりで恐縮ですが、黙示録でも有名な第13章の一節「ここに知恵が必要である。賢い人は、獣の数字にどのような意味があるかを考えるがよい。数字は人間を指している。そして、数字は６６６である」についての解説は多くの人が知りたがっている個所だと思うのですが、ケイシーはどのような解説をされているのでしょうか？

光田　この箇所は多くの人を悩ませますよね。私もずいぶん調べました。しかし、この箇所に言及したリーディングは一つしかありません。ケイシーの場合は、基本的に質問されなければ答えませんから。問われたことにのみ答えるという姿勢が、高次の霊的世界ではとても大切なのだろうと思います。

この「６６６」は、先程話題にした「額と手に獣の印」を受けることと関連しているわけですが、私の言葉で分かりやすく言い直すなら、「神を忘れた状態」「神と人との関係を忘れた生き方」であり、人間の高貴な霊的本性を発揮しないで生きている人々、ということになるでしょうか。霊的認識を自分の人生に実践・実行しない状態とも言えます。

「額」は思考の象徴であり、「手」は実践の象徴です。これが「獣」、つまり神を忘れた状態、肉や物質に埋没した状態になっている、ということですから。

森井　当時その質問がなされなかったということは、まだその時ではなかったということなのかもしれません。光田先生をはじめとする探求者たちによって、今後明らかにされていくに違いないと思います。

それでは、このことに関連して、ヨハネはなぜあのような一般の人には難解な文章を選んだのでしょうか？「君が代」や「チベット死者の書」のように、今の時代になるまで封印する意図があったのでしょうか？

光田　リーディングの言葉で簡潔にいうなら、「求める者のみが見出す」という聖書の精神の反映です。「求めよ、さらば見出さん」ということは、求めない者には、わからない状態に置かれるということです。これが霊的知識においては必要なことなのだろうと思います。「知恵の実」は容易にわれわれを逸脱させます。ケイシーの言葉でいうなら、「実践できない知識は罪である」ということです。そのため、実践する探求者のみが理解できる形で黙示録は記述される必要があったのだろうと思います。

ケイシーによると、黙示録に示されるようなトレーニングを積んでいくと、最終的にはわれわれの分泌するホルモンが切り替わり、これまではネガティブなホルモンが出ていたとしても、三年半も経てばポジティブなホルモンが出るようになります。七年も経てば変身、変容を遂げる、そういうことが書かれています。

森井　変容ということは霊的な覚醒ということですか？

光田　具体的には、肉体から自由になるということですね。ネガティブな感情の影響を受けなくなります。

周囲がどうあろうと心静かに過ごせるようになりますし、あるいはこの時には怒りを発するべきだという時には怒りを発し、今は発するべきではないと思えばどれほどの状況であっても静かでいることができる。もはや副腎は怒りではなく情熱を発する器官となり、感情のハンドルを霊的な存在としての自分で握ることができるようになるのです。

森井　聞いているだけでもわくわくしてきます。すなわち、宇宙からのエネルギーをしっかりと受け取って生きることができるようになるということですね。

光田　はい。それにしても、ケイシーの霊学を探求する中で読み解く黙示録と、深い瞑想の中で読み解かれる黙示録が一致をみるということは、まことに素晴らしいですね。

黙示録については、さらに探求を深めていって遠からず一冊の書籍にまとめたいと思っています。ただ、私はとても筆が遅く、多方面からお叱りをいただいているので、前途多難ですが（笑）。

森井　多くの人の霊性の進化にとって必要な書籍に違いありませんから、最善のタイミングで完成するのでしょう。読ませていただくのが、今からとても楽しみです。

ケイシーを通してバガヴァッド・ギーターを学ぶ

森井　ところで、黙示録の記述をみると、人体の複雑な仕組みや脳神経系の構造、そしてクンダリーニやチャクラをはじめとした霊的構造に熟知していると思われます。高次元の存在たちはもちろんのこと、古代インドの賢聖たちの智慧なども関与しているように私には感じられるのですが……。

光田　リーディングは、当時の欧米の哲学・宗教思想にない概念を表す時に、それがもし東洋哲学にあれば、それを援用しました。例えば「アカシックレコード」などもその一例ですし、「クンダリーニ」もそうですね。

リーディングでは、古代インドの聖者として「サネイド」という名前が何度か出てきますが、おそらく、アトランティスやレムリアなどが存在していた超古代のインドの聖者だろうと思います。そのサネイドがきわめて大きな宗教的・思想的影響を世界に放ったと主張しているのです。いずれにしてもリーディングは、インドの霊性をきわめて高く評価しています。

森井　やはりそうなのですね。

光田　それから、ケイシーは、その生涯で数回、幻の中でインドの聖者の訪問を受けています。その内容は詳しくは残されていませんが、いくつか重要な示唆をいただいたようです。また、ケイシーにも古代インドでの過去生があったようですが、その時の過去生では最期に酷い拷問を受けたらしく、そのために、それを意識に上らせることを拒んだようです。
　しかし、なんとケイシーは子供の頃からインドの象の置物をコレクションして楽しんだそうなのです。ケイシーの机には、いくつもインドの象の置物が並んでいましたし、今でも、その遺品が飾られています。ケイシーは無意識のうちにインドでの過去生を懐かしんでいたのだろうと思います。

森井　私も象には並々ならぬ思い入れがありますから、人ごととは思えませんね。

光田　インドと言えば、ある時、エドガー・ケイシーは、熱心な探求者から「地上に存在するさまざまな哲学・宗教思想の中で、普遍的真理にもっとも近い思想は何ですか？」と質問されました。
　熱心なクリスチャンであるケイシーは「聖書」と答えてしかるべきだったのですが、驚くべきことに、眠れるケイシーはヒンドゥー教の聖典である「バガヴァッド・ギーター」である」と答えたのです。

森井　ケイシーも質問された方も、「バガヴァッド・ギーター」など聞いたこともなかったでしょうね。

光田　そうだと思います。それに、比較などできないとは思いますが、聖書よりも普遍的真理に近いということですから、ケイシーたちにとって大きな衝撃であったことは想像に難くありません。

しかも、当時アメリカに存在していた三つの翻訳書について、いちいち翻訳者の名前を挙げて「AさんBさんCさんの翻訳があるが、Cさんのものが一番よい」と言うんです。

森井　たしかに、翻訳の仕方で捉え方が全く変わってしまいますからね。

光田　「神の詩」と訳される「バガヴァッド・ギーター」は、サンスクリット語によるインド二大叙事詩のひとつ「マハーバーラタ」の中ほどに収められた、わずか700編の韻文詩からなる小篇です。世界で最も深遠にして美しい哲学的詩歌とも言われ、近代以降のインドの民族解放の運動を指導したバール・ガンガーダル・ティラクやマハトマ・ガンディーらの思想の源流となっているだけでなく、西洋の思想家にも多大な影響を与えてきました。

エドガー・ケイシーを研究していた私は、必然的にこのバガヴァッド・ギーターに取り組むようになりました。でも、これがきわめて難解で、なぜこのような書が普遍的真理に最も近いと言われるのだろうと、しばらくは理解に苦しみました。

森井　でも、「バガヴァッド・ギーター」は聖書の「ヨハネの黙示録」などに比べると読みやすいようにも思いますが。

光田　読みやすいのは読みやすいのですが、深く読もうと思ったら驚くほど黙示録、つまり多くのものが隠されている書物なのですよね。

森井　そうですね。物語としてさらっと読めるのですが、読み返していくとどんどん深まっていきます。

光田　物語としては、戦争で殺し合いに直面して葛藤する王子アルジュナに対して、アルジュナの乗る戦車の御者に化身した神であるクリシュナが語りかけ鼓舞するという、そう複雑なものではないですからね。

そういえば、パラマハンサ・ヨガナンダ師もバガヴァッド・ギーターについて素晴らしい解説書を出されていますね。

森井　ああ、そうですね。解釈によっては本当に別物ですよね。表面だけなぞるか、深くまで読み解けるかで同じ本でもまるで違います。

バガヴァッド・ギーターを学ぶにあたり、私が最も感銘を受けたのはサティア・サイババ師による『神の詩』（中央アート出版社）です。残念ながら絶版してしまっているので古本を探すしかありませんが、全体に読む人に寄りそうような愛に満ちていて、文章が非常に美しい。

サイババ師は、バガヴァッド・ギーターのはじめの言葉と終わりの言葉を結ぶことで全体の要約をするのですが、「自分の人生の段階にふさわしく、限りある力をつくして、優雅に、みごとに与えられた務めをはたさねばならない」というのです。

光田　実に素晴らしいですね。サイババ師による解説本があるのは知りませんでしたが、なんとか手に入れて読んでみたいですね。

私はというと、初めてバガヴァッド・ギーターに取り組んだのは28歳の時でしたが、いくつかの翻訳を読んでみたものの、その時は全く歯が立ちませんでした。エドガー・ケイシーはなぜ、こんな、ある意味「残虐な」物語を「普遍的真理に最も近い」と高く評価したのか全く理解できないまま、長い間、バガヴァッド・ギーターについては諦めていました。

ところが、ひたすらエドガー・ケイシーの「神の探求」の翻訳と実践に取り組み、ようやく出版に漕ぎつけた頃に、ある人のご縁で、ヨガナンダ師の翻訳者であるＹ氏によるバガヴァッド・ギーターの試訳をいただいたのです。

私はこれを夢中で読みました。もう、（バガヴァッド・）ギーターの言葉が私の中に流れ込んでくるのです。あの崇高なエネルギーが洪水のように私の中に流れ込んできて、読了した時には超絶的な歓喜に包まれました！

森井　お話を伺っているだけで、その歓喜のエネルギーが伝わってきます。

光田　長年にわたる「神の探求」の翻訳と実践によって霊的鍛錬がなされ、昔は全く理解できなかったギーターの言葉が、「神の探求」と重なって一気に了解されました。

ギーターと「神の探求」の精神は同一です。ケイシー最高の霊的遺産と言われる「神の探求」が、ケイシーによって「普遍的真理に最も近い」とされた「ギーター」と一致するのは、ある意味当然であり、必然ですね。

森井　時が満ちたのですね。それほどの驚きと感動を光田先生に与えたヨガナンダ師のバガヴァッド・ギーターについての解説ですが、特に印象に残った部分や感想をぜひ教えてください。

光田　ヨガナンダ師は、ギーターの奥義としてその霊的解釈を示してくださっているのですが、それがケイシーによる黙示録解釈とものすごく共通していることに驚嘆しました。なんと、登場人物や場面、場所に、それぞれ霊的次元での意味があるというのです。

ギーターに接したことのない方には分かりづらいと思いますが、例えば、戦場となる「聖地クルクシェートラ」は、ヨガナンダ師によれば、われわれ自身の身体を象徴するものとされます。そして、カウラヴァ軍とパンドゥー軍の戦いは、われわれの内面で繰り広げられる、肉と霊の戦いとして解釈されます。

まあ、この辺りまでは、なんとなく察しがつくのですが、驚くのは登場人物に付与される解釈です。盲目の老王ドリタラーシュトラはわれわれの「無明」の象徴。そして、ドリタラーシュトラに付き従う千里眼のサンジャヤは、無明の中にあって、なおわれわれに光明をもたらす「神の恩寵としての知恵」となる。なるほど！と私は膝を打つわけです。

森井　それはすごい！

光田　それだけではありません。アルジュナやクリシュナはもちろんのこと、主要な登場人物は、すべて人間のある一面を象徴するものと解釈されます。それによって、とても不可解だと思われるさまざまな場面が、きわめて理にかなったこととして了解されるのです。

物語の中で、アルジュナを含むパンドゥーの五王子はドラウパティーという一人のお妃を「共有」することになるわけですが、これなどインドの風習としてもとても不可解で不自然に思えるわけです。しかし、パンドゥーの五王子が人体の五つの霊的中枢を象徴し、ドラウパティーがクンダリーニの象徴であると了解されるなら、一気に物語の霊的意味が解明されます。ちなみに、三番目のアルジュナは、マニピュラチャクラの象徴とされます。

森井　ケイシーのたった一言からバガヴァッド・ギーターを探求されて、絶好のタイミングでヨガナンダ師の解釈と出会い、愛読されるまでに至られるというのは、ケイシー霊学の神髄を長年かけて体得し、かつ応用されている光田先生にしかできないことだと思います。

光田　恐縮です。私はただただ素直に探求してきたに過ぎないのですが、それだけケイシーの霊学、そしてヨガナンダ師の解釈が優れているということだと思います。

いずれにせよ、矛盾に満ちた現代の現実世界で日々過酷な競争にさらされ、ビジネスの世界で厳しい戦いを続けている経営者・ビジネスマンにとって、あるいは競争社会の中で無価値観に苛まれている人々にとっても、バガヴァッド・ギーターの教えは明確なビジョンを与え、心の迷いを断滅し、なすべき事を存分に完遂する力を与えてくれます。まさにこの世を力強く生きていくためのインスピレーションの源泉であり、ケイシーの霊学を通してギーターを学べば、普遍的真理の上に、自己の揺るぎない軸を築くことができるようになると思います。

森井　光田先生のお言葉はバランスのとれた知性と情熱、それゆえの気品が感じられます。

光田　気品はどうなのか分かりませんが、ケイシーの福音を伝えるときには、どうしても熱がこもってしまうのですよ。戌年の私は、忠犬ハチ公のように一途ですからね（笑）。

すべての行いを神への感謝として

光田　バガヴァッド・ギーターにおいて、先ほど森井先生がおっしゃった「自分の人生の段階にふさわしく、限りある力をつくして、優雅に、みごとに与えられた務めをはたす」ために重要なことはただ二つ、「バクティ」と「ヤギャ」と言われるものになります。

「バクティ」とは「信愛」ということ。自分をお創りになった神を信じ、敬愛することですね。ひたすら、一分の隙もなく。

そして「ヤギャ」は、自分のなすあらゆることを神への捧げ物として行うことです。あらゆること、私であればケイシーの福音を翻訳し伝えるのも神への捧げ物。お料理するのも神への捧げ物。朝起きてから眠るまでのすべての行為、眠っていることでさえ神への捧げ物としてなす限り、われわれはカルマに巻き込まれることはありません。

森井　どのような行為も、エゴから行えばカルマが生まれてしまうけれども、すべてのことを神への捧げ物として行うならば、同じ行為であっても、結果がどうであっても、そこにカルマは生じないということですね。

光田　王族の骨肉の争いに巻き込まれて肉親に弓を引くことを躊躇《ためら》うアルジュナに、神であるクリシュナは「どんな過酷な運命であっても、神への捧げ物として粛々とそれをこなせ」と説くのですね。そして、アルジュナはそれを見事に行うわけです。

森井　現代に生きる人たちというのは、とかく結果を重要視しすぎるところがありますが、重要なのはその行為がどのように行われるかであって、それによる結果ではありませんからね。

任運騰騰《にんぬんとうとう》という言葉を思い出しますね。「任運」とは、自我を捨ててあるがままを受け入れ、未来を憂うことをやめて運を天に任せるさまをいいます。「騰騰」とは、制限なく自由に気高く生きることです。

光田　どんな状況にあっても、それを嘆くことなくそこから学び、今できることに全力を尽くす。天を敬愛し、信頼しきって。

森井　おっしゃるとおりです。

光田　もう、すべての行為についてですね。今このコーヒーを飲むのもヤギャ、「美味しいものをいただきます」と神への感謝として大切にいただく。

森井　いま光田先生がコーヒーを飲まれた感じがまさにそうなのですが、生活の様々な行為を今が１００％の時間だとしたら70％くらいまでスローダウンすると、一つひとつの所作がかなり意識的になり、そして丁寧になりますよね。

光田　速度を落とさないとヤギャにならないですよね。気持ちを込めないといけませんから。

森井　だから、何をするときにも意識的に少しゆっくりにするといいと思います。そうすると全然世界が違って見えてきますから。

コーヒーを淹れる時も飲む時もそうですが、他のことを考えながら急いで注いでパパッと飲んでいるとどんな味かも心に残らないけれど、意識的にちょっとゆっくり飲むだけで本当のコーヒーの味が分かります。

それから動物たちはすごくよくわかっていて、いつもよりも少しゆっくり撫でてやるとものすごく喜びます。そうやって丁寧に撫でてやっていると、動物たちの体の状態や精神状態が不思議と伝わってきますし、撫でている私たちの脳波も明らかに穏やかになりリラックスするんですね。

光田　私も犬を飼っているので、その感覚はとてもよく分かります。ともあれ、何よりも重要なのは、そうしてすべての行為を丁寧に行っていくことで、意識して神との交流を失わない状態を維持していくことですね。

森井　誰にとっても、これから本格的に始まる本当の激動の時期に心しておくべき大切なことですね。

バガヴァッド・ギーターについて、このような深いお話をできたことは望外の喜びです。それにしても、お話を伺えば伺うほど、ケイシーの「神の探求」とバガヴァッド・ギーターを融合して、日常に応用できるようにわかりやすく解説した本を光田先生に書いていただきたいと願わずにはいられません。

光田　私がもしもギーターの解説書を書くとなれば、必然的に「神の探求」が融合されると思います。

いま取り組んでいる本が何冊かありますので、それがきちんと出版され、時間の余裕ができたならば、ギーターの解説本を書いてみたいと思っています。主がそのように導いてくださいますよう、それに向けてますます鍛錬していきたいと思います。

しかし、それであれば、瞑想とヨガの達人の森井先生だからこそ書ける「バガヴァッド・ギーター」も、ぜひ読ませていただきたいですね（笑）。

森井　探求と実践の道のりは楽しいものですが、お互いにいくら時間があっても足りないということになってしまいそうですね。

光田　そうですね。実は、肝心のケイシーのリーディングの翻訳も今のところまだ全体の約3分の1までしか進んでいません。予定ではあと30年ほどかかるのですが、未翻訳のところにどれだけ面白い情報があるのかと思うと楽しみでなりません。

森井　ところで、サイババ師のバガヴァッド・ギーターに関する講話集をまとめた編集者は、「ギーターの教えを日常に生かすことができれば、もう他の本を読む必要はないし、他の教えを学ぶ必要もない」「ギーターは、読むたびに新しい発見と深い理解が与えられる。他の多くの人にも起こったことだが、この教えは私の人生を決定的に変えてしまった」と述べています。

光田先生は、「神の探求」の翻訳、そして「バガヴァッド・ギーター」の探求を経た後、何か生き方に変化は感じられたでしょうか？

光田　「神の探求」、そして「バガヴァッド・ギーター」、どちらも私の霊的鍛錬を大いに助けてくれましたし、いまでも両方から大きな恵みをいただいています。

お陰さまで、私の中では「無用な感情、無用な思考」が起きなくなりました。少なくとも、無用な感情や思考が生じたとしても、それらを随意に停止させることができるようになっています。これは人生をきわめて効率的にしてくれますね。

講座などでよく冗談めかして、「私にはもうストレスがありません。周りの人にはストレスを与えますが」と言いますが（笑）、これも「神の探求」と「ギーター」のお陰です。

森井　いやあ、私もそうですね。ストレスは感じませんが、自分の知らないところで、おそらく多くの人に多大なるストレスを与えているに違いありません（笑）。

第6章

神理の扉を開く

天の采配による未来の計画

光田　それにしても、こうして伺っていると、森井先生のお話とエドガー・ケイシーのリーディングは、病気を治していく概念、理論、さらに大きく捉えて人生の崇高な目的を「身体と心と魂の合一」とする思想においても、同じ流れにあるように感じられますね。

森井　私も大本は同じであるように思います。最初にケイシーのリーディングを知った時は、私が幼少の頃に見えない存在から学んだことと同じで驚きましたから。

洋の東西を問わず、医学、医療は、より大きな生きる目的の中の一部分として大本を同じくしていたのですが、中世になる頃には物質重視の考え方が蔓延してきて、多くの人たちがその大本を忘れてしまったんですね。

日本は特殊で、ある程度そういう概念がまだ残っていたのですが、世界の歴史の流れの中ではどんどん忘れられていく中で、まるでそのことに警鐘を鳴らすかのように１８００年代後半くらいから出てきたのがエドガー・ケイシーをはじめとする治療家たちだったのだと思います。

光田　霊的治療によって多くの難病やがんを治癒させた、英国史上最高のヒーラーとも称されるイギリスのハリー・エドワーズもそうですね。

森井　それからブラジルのアリゴーもいますね。第一次大戦で死亡したドイツ人医師フリッツ氏の霊が憑依したブラジル人のジョゼー・ペドロ・デ・フレイタス、通称アリゴーは、学校は小学3年生までしか行っておらず、しかも医学の知識は皆無であったにも関わらず、無麻酔・無痛で難易度の高い数々の手術を信じられないスピードで次々に行いました。

日本では戦前に九州長洲赤腹村に「生神様」と称された松下松蔵《まつしたまつぞう》氏がいます。彼は見た目は普通の農家の人だったのですが、神前で参拝中に大量吐血した後で難病を一瞬にして治す力を授かりました。

山形県に在住した長南年恵《おさなみとしえ》氏は、20歳のころから全く食事をとらず、生水の他は生のサツマイモを少量のみという生活でした。排泄物や汗や垢はほとんどなく、いつも清潔であったと伝えられています。彼女は空気中から取りだす神水は万病に効くと言われ、必要な人が来た時にだけ出てきたそうです。

光田　枚挙にいとまがありませんね。そのくらいの時代、つまりケイシーと同じ時代に、見えない世界からのアプローチによって物質世界をコントロールするような人たちが世界中で次々出てきたということでしょうか?

森井　そうですね。きっと、天の采配としてそういう計画が始まった時期だったのでしょうね。地の法則を主体としていたところから、天の法則、すなわち神理を主体にする世界に移行していくという……。

光田　そのように思えますね。

ただ、こういう話題になった時に少々気になるのは、人間がこのまま唯物論的な生き方のままで進んでいくと、早晩人類は破滅してしまう、地球は壊れてしまう、いよいよその段階が迫っているというふうに、恐れがベースとなった主張が散見されることです。

私にはとてもそのようには思えないのですが、森井先生はいかがでしょうか？


森井　私もそのようには思っていません。

古代インド哲学によると、太陽系が霊的太陽の中心に近い軌道位置にある時には人は覚醒し、遠ざかると霊的盲目状態になるとされています。現在の地球は、霊的太陽へ向かう軌道にあります。この時期には、古い唯物論的な慣習が破壊されていき、多くの人が霊性に目覚めやすくなるといいます。

そして、その目覚めの準備段階として精神的霊的な理解が芽生えつつある時代から、高次元の存在たちによって完璧に計画された絶妙なタイミングで、ケイシーのような役割を持った人が地上で働いたり、多くの探求者たちにインスピレーションとして降りていき、いまでは人々が理解できるペースで少しずつ実在の世界が解かれ始めているようです。

ただし、その古い世界が壊れながら新しい世界が構築されていく過程で、物質世界に大きな混乱が起こるのは言うまでもありません。

ケイシーが示す現代社会の救済方法

森井　こういった人類の未来について、ケイシーのリーディングではどのように示されているのでしょうか？　そして、光田先生はどのようにお考えですか？

光田　ケイシーはわれわれの生きているこの時代を指して、いくつか予言的なリーディングを残しています。その中で、これからの世界の運命を考える時に、私自身が拠り所としているものをいくつか紹介するとすれば、こんなリーディングがあります。

ある人が、リーディングにこう質問しました。「ファシズムのムーブメントはこの国にとって危険ですか？」と。それに対して、リーディングは「人類を兄弟とし、神を父とする考え方の他は、如何なるムーブメントも危険である！」と答えました。

さらにこの人が「わが国の民主主義を守るために、それらにどのように立ち向かえば良いでしょうか？」と質問すると、ケイシーはいよいよ声を上げて、「人類を同胞とする思想、神を父とする思想の上に、民主主義であれ、いかなる名前も置いてはならない！」と答えたのです。「人間の霊的本性」と「神」を前提としない思想は、資本主義であれ、民主主義であれ、社会主義であれ、共産主義であれ、すべて危険思想であると！

森井　非常に力強く明解ですね。

光田　はい。現代日本は、残念ながら、「神」も「霊」も否定する危険思想の上で動いています。ここにこそ、諸々の問題の根本原因があると思います。「霊」と「神」という共通認識さえあれば、容易に解決のつく問題が、それがないばかりに、どれだけ屁理屈をこねてもますます事態をこじらせるだけになる。きわめて残念なことであり、われわれの努力の浪費この上なしです。

しかしながら、この社会の救済方法はきわめて単純です。それは、再び「人間の霊性」と「神」を前提とする社会に回復させることにほかなりません。

森井　そのとおりだと思います。先ほどからお話ししてきた、人々の意識の変化によって社会が変わっていくという流れとも一致しますね。

光田　しかし、私がこのように話すと、決まって多くの人たちが「それは実現不可能な無謀な企てだ」とおっしゃいます。でも、私はこれに関しても楽観的なのです。なぜなら、第二次世界大戦が始まって間もない頃に取られたリーディングにこういうものがあるのです。

64人のグループが結成され、これからの世界情勢についてリーディングに質問したのですが、その時にリーディングはこう答えました。

「神への賛美において、汝の声を高めよ。言葉だけではなく、汝が日々に汝の同胞に会うその仕方によって。なぜなら、ここに集まった64名の人々が祈り、そのように生きることで、汝らがそれを望むならば、アメリカを侵略から救うことができるからである」と。

どうでしょう？64人でアメリカの運命を変えられるとリーディングは主張したのです。なんと力強い、希望に溢れる主張ではないですか！

森井　たしかに、人数が多くなければ何もできないというのも、比較が生み出すひとつの囚われですからね。

光田　そうなのです。創世記に、アブラハムが神と交渉して、もし10人の義人がソドムにいれば、ソドムを滅ぼさないという約束を神から取り付けるという話がありますが、ケイシーは、これは決して単なる物語ではなく、霊的な真実であると主張します。わずかな人の祈りと義なる生き方は、それほどまでに大きなパワーを秘めるのだとリーディングは保証してくれるのです。

他にも「一かけらのパン種が、パン全体を膨らませることができる」というリーディングがあります。日本の運命なら、100人もいれば十分じゃないですか? ちょっと余裕をもたせて1000人ならますます大丈夫でしょう。1万人ならいよいよ確実でしょう(笑)。

森井 あとは、その人たちが持つべき意識と生き方ですね。

光田 これについては、ちょっと長いですが、ぜひ皆さんと共有したいので、それに続くリーディングを読み上げますね。

「この場に集う汝らは皆、このことを他人任せにしてはならない。むしろ『私が——私が果たします』でなければならない。あなたの叫びは次のようでなければならない。

『主よ、私はここにおります!あなたが最もふさわしいとお考えになるやり方で私をお使いください。私たちが、主であり、救い主、イエス・キリストを信じる心を守ることができますように。私たちがこれまで通り、一つの兄弟のようにあることができますように。おお、神よ、あなたがそばにおられることを知る者として、あなたの御力を顕すことができますように。

それは、私たちの栄光のためではなく、他の人々があなたの栄光を見ることができるように、そしてまた、私たちの隣人すらも見ることができるようになるためです。

たとえ他の人が冒涜の言葉を吐こうとも、口汚く罵ろうとも、見苦しい所業を為そうとも、おお神よ、あなたの御力が顕されますように。あなたの御子であるイエスが、真にこの世界に来られますように。

そして、主こそがわが心、わが精神、わが体、わが家、わが郷土、わが州、わが国の主であることを万人が知ることができますように！』」

森井　まさに、光田先生の、さらには眠れるケイシーの魂の祈りそのものですね。

光田　そのように言っていただけるととても嬉しいです。

私は、この時代に生まれ合わせ、同胞に先立って「霊」に目覚めた人たちは、この大事業に参加するよう召し出されていると確信しています。

ホメオパスやオステオパスとして、真の医療を推進することも大事業の一環でしょうし、霊的本性に基づく教育もそうでしょう。人々の奉仕のエネルギーを円滑に循環させる新しい経済システムの構築もそうでしょう。

さまざまなことが「神」に捧げられることで、この大事業は達成されるのだと思います。そして、それは必ずや成功する。なぜなら、それを背後で支えてくださるのは神だからです。

明かされ始めた変容への道のり

光田　私は喜んでこの大事業に参加する一員として、この世界の行く末について非常に楽観的なのですが、天の采配としてはじまった計画は予定通りに進んでいるのでしょうか？

森井　瞑想中に360年後の世界を見せてもらったことがあるのですが、その地球は緑にあふれてとても明るく美しい場所になっていました。

ビジョンというのは蓋然《がいぜん》的な形で見せられますから、現実化するかどうかはともかく、計画は順調に進んでいるのだと思います。

ただ、私が気になるのは、現代の人の多くが神という存在を擬人化してしまっているということです。それでは本当の意味での意識の変化は起こらないのです。

さらに困るのは、擬人化した神を自分の外にいる存在として崇めてしまう、極端な場合、仏像などを神そのものとして崇めてしまう人もいて、そのあたりの認識は変えなければならないところだと思います。

光田　ケイシーによると、人間の頭では抽象的な神を把握することが難しいので、その手前に神の意志を代理する、例えば主イエスや仏陀のような人をおき、そこを通して神に近づくという方法論を採用してきたようです。

森井　なるほど。しかし、ケイシーが生きた時代、欧米の人たちにはまだ難しかったかもしれませんが、いまの時代、そして私たち日本人には、自分の内側にこそ存在する神性を認識することは可能なのではないでしょうか。

現に光田先生が、ケイシーが生きた時代には明かされることがなかったリーディングの本質を捉え、表現してくださっています。

光田　たしかに、リーディングの捉え方は私の中でもどんどん進化、深化しているように感じますね。

森井　光田先生はケイシーの探求と実践を繰り返されることで、変容の過程を歩んでいらっしゃるのですね。

光田　そうであれば、これほど幸せなことはありません。
ケイシーのリーディングや黙示録、バガヴァッド・ギーター以外にも、人の変容について述べられたものは多く存在しますね。

森井　はい。世界中の多くの聖人たちが変容の道のりを示しています。
例えば、19世紀にラーマリンガ・スワーミハル、通称ヴァララーと呼ばれたタミル人の聖者がいました。ラーマリンガは、自身に段階的に起こった神と合一するまでの三段階の変容について5818の歌、6万節の詩にして述べています。
その第一段階の変容として、普遍意識へ入ることにより肉体が「完全なる体」へと変容する。この最初の変容は、「すべての生物に敬意を払うこと」と「献身的な祈りと瞑想」が重要と述べています。この体においては、自然界の影響を受けることなく、時間や空間の制限もなくなる。肉体を若返らせることも可能となるそうです。

光田　変容を目指すにあたり、瞑想を大切にするというのはすぐに思いつきますが、「すべての生物に敬意を払うこと」ということも挙げられているのですね。

森井　そうですね。万物の存在意義の一つは人間の霊性向上のためであるということが、ケイシーのリーディングでも述べられています。ですから、それらを敬い大切にすることは変容するためには必須のことなのです。そのことに気づいていただくために『光の魂たち』では自然界のことを書く前段階として動物編、植物編を書きました。

そして、それに続く第二段階の変容では、「完全なる体」が「恩寵と光の体」へと変容します。この体は不可視であり、奇跡的な力を意のままに使うことができるといいます。

最終となる第三段階の変容は、「叡智の体」から「至高の神の体」への変容。これは至高の存在との合一です。この体はすべてに遍満することになり、感覚で捉えることはできません。この状態をヨガではカイヴァリヤといって、キリストはこれをヨハネの福音書の中で「わたしが父の中に居り、父が私の中に居ることを信じなさい」と述べています。

16世紀のアビラの聖テレサは、スペインのローマ・カトリック教会において修道院改革に尽力した人です。聖テレサは、多くの著作を残していますが、キリスト教徒にとってわかりやすい表現で、人間の聖なる変容と進化について、段階的に描写しています。著書の一つ「霊魂の城」では、７つの段階に分けて聖テレサがたどった人の進化と変容を記述解説しています。

平安時代初期の僧であり、弘法大師として有名な日本真言宗の開祖である空海も９世紀に、淳和天皇の勅に従い「秘密曼荼羅十住心論」十巻を著しています。この書にも人の進化が段階的にわかりやすく記述されているようです。

他にも同様の書は存在しますが、興味深いことに、それぞれの表現方法を使いながらも、一様に同じ事象を述べています。目に見えない世界の認知から始まり、最終的に真我との合一が達成される進化の過程が示されているのです。

光田　これまで理解の及ばなかったそれらが、森井先生のような方が現れてくださることによって、一斉に明かされ始めているのが今この時なのでしょう。

私は少なくとも今回の人生は、目に見えない世界の存在を私に示してくれたエドガー・ケイシーの探求に捧げようと決めていますが、それぞれの人が必要なところから気づき、霊性向上の道を歩んでいくことが大切だと思います。

森井　まだまだ私たちの前には、先人たちが示してくださっている変容の道のりがあると思うと、とても楽しみになります。

天の法則を理解し、神理の扉を開く

森井　言葉を変えながら光田先生からも私からも何度もお話ししてきたとおり、いま、多くの人々の意識が大きく変化してきています。では、具体的にはどのように変化しているのかというと、地の法則を主体としている意識から、天の法則、すなわち神理を主体にする意識へと変化する途上にあるのです。

この対談の冒頭でもお話しした通り、宇宙全体は天の理で動いていて、その天の理の一部に、地上で使われてきた特殊な地の理というものがあります。

光田　これまで私たちが選択してきた物質的、物理的なこの地の理は、一見すると真逆のようにも感じられますが、実際のところは天の理の一部分なのだということでしたね。

森井　はい。地の理は、魂を過酷な環境において進化させるには、非常に役立つものなのですが、反面、地の理だけに囚われてしまうと、天の理を忘れてしまいます。

例えば、地の理で、自分の持っているものどんどん分け与えると、自分の取り分がなくなってしまう。でも天の理では、分け与えれば分け与えるほど、自分もどんどん豊かになります。しかし、たとえ私たちが忘れていても、地の理の背後では必ず天の理が働いているのです。

光田　そのとおりですね。きっと、ここまで読み進められた皆さんには、この言葉の意味がさらに心の奥深いところに響いているのではないでしょうか。

森井　その響きを大切に、ぜひ体験を積み重ねていっていただければと思います。天の理、神理を体験から理解できれば、物の見方も考え方も、行動も大きく変わってきます。

私が自然の中に行くことをお勧めするのは、無垢で純粋なエネルギーにあふれていて、天の理で動いているからです。特に山岳地帯に身を置いていると、この天の理を意識する割合がどんどん増えていきます。

山にいると、神が創り出されたあらゆるもの、例えば葉っぱ一枚にしても、完璧に調和のとれている現象から神の存在を汲み取ることができるんですね。

光田　私もそれは感じます。

空中の雲を見たり、葉っぱの葉脈を見たり、何を見ても驚きます、神のなさりように。

森井　子供の頃のような純粋な気持ちになって、心が躍りますよね。

光田　この感覚を多くの人たちに取り戻していただきたいです。私も練習して取り戻しました。囚われのない純粋な気持ちで見ると、世界は美しくきらめいています。

森井　一番簡単に悪い習慣から抜け出して、純粋な感覚を取り戻す方法として、まず「子供ごっこ」があります。自然の中で子供に戻って遊ぶのです。そして十分に遊んだら、次に「聖人ごっこ」というものがあります。思い切って、自分が聖人になったつもりで、生活してみるのです。気楽に「ごっこ」から始めるのが長続きする秘訣です。これは、自分が聖なるものだと気づきを得る第一歩になります。

素晴らしく美しい自然地であれば、ゴミが少しあってもすぐに気づきます。スラム街では、ゴミがあっても気にならないかもしれません。でも、スラム街でも、少しずつ地道な努力があれば、美しい自然地に再生させることは可能です。心の持ちようで、体のエネルギーの流れが改善し始めれば、心身は確実に清浄化するというのが自然の法則なのです。

光田　遊び心があって、素晴らしい試みですね。

それに関連して思い出したのは、仏陀は人間の霊性を向上させるために多くの戒律をもうけてその実践を勧められました。またこの時、それら戒律の守り方について三つのレベル「上品《じょうぼん》」「中品《ちゅうぼん》」「下品《げぼん》」があると説かれました。

上品のレベルは、その人の霊性がすっかり清まり自然に行うことが戒律と同様になっている状態ですが、このレベルに達している人はごく稀でしょう。多くの人は中品のレベル、すなわち霊性はかなり高まっているが、まだ邪な想いがあらわれてくることがある。そういう時には戒律を思い出して自分を律すればよいということになります。

しかし、それすら難しければ下品のレベルでもよいと仏陀は説かれました。意識としては低いけれども、「親切にされたいから親切にしよう」「評価が得たいから良い仕事をしよう」ということでもかまわないから善行に励めば、いつしかそれが当たり前になり、やがては中品となり、上品を目指せるようになるというのです。

森井　知識があっても何もしないというのは、下品以下ということになってしまいますからね。やはり実践が何より大切です。

光田　下品からのスタートであっても、地道に善行を積んでいけば、ある時、その行為の後に深い喜びがわいてくるようになるでしょう。

森井　地の理の背後にある天の理が、実践によって動き始めますからね。

すこし前の時代には分裂は駄目だとか統合を目指すなどと言われていましたが、自然の中に入れば、そのどちらもが存在するものです。

分裂でも統合でもいいし、ポジティブでもネガティブでもいい。上品も下品も、善意も悪意も、純粋な意識で見れば、すべての現象は美しいものです。天の理による真実の調和というものを体現するには、そういった両極を否定するのではなく、超越すればいいのです。これからの時代には、分離と統合に超越が加わります。すべてを受け入れ、理解し、超越する。

光田　おお、超越ですね！

森井　小さな喩えで言うと、自分の魂が永遠のものだと強く確信したときには、生と死に対する地上の概念から超越できます。
　多くの人が暮らす都会では死が徹底的に排除されていますが、自然の中ではどこを見ても生と死が当たり前に混在しています。落ち葉もあるし倒れた木もあれば、動物の死骸もある。でも生と死が循環する自然の中では、他の生命体の死は決して忌むべきものではなく、それを土台にして新しい命がどんどん芽生えていくのです。
　そのようにして、生死を超えたところですべての存在がバランスよく絶妙に機能している完璧な摂理こそが、天の理によって神の存在を示す表現なのですね。
　そして、その完璧な摂理によって創り出されている完全なる調和は、自分の内側にもたしかに存在する。経験の積み重ねによってそれを体感していくことが、変容を目指すすべての人にとってとても重要なことだと思います。

光田　こうしてお話ししていると、私たちには、まだまだ長く楽しい道のりがあるということを感じずにはいられませんね。読者の皆さまもそのようにお感じのことと思います。

森井　言葉で表現するというのは、本当に難しいことです。この対談が、言葉を超えたところにある天の理に気づいて、神理の扉を開く助けとなれば嬉しいのですが。

光田　こうして本書を手にとってくださったということは、きっと宇宙がこのタイミングで手に取るように仕向けてくださったのだと思います。願わくは、皆さまの人生の上に宇宙の祝福が豊かに注がれますように。

森井先生、今日は素晴らしいひと時を過ごさせていただき、本当にありがとうございました。これからもお互いに探求を続け、驚くべき成果を分かち合ってまいりましょう。

森井　こちらこそ、ありがとうございました。まだまだご質問したいことがありますから、その時が今から楽しみです。

エピローグ

予言者エドガー・ケイシーの真の実績

森井　今日は実に楽しい時間でしたね。

光田　本当にあっという間でした。

ただ、ほとんど何の説明もなく、深い話をたくさんしてしまいましたので、例えば森井先生の大ファンの方にとっては「光田とは何者?」となってしまうのではないかといささか不安がよぎります。

それに、森井先生は仙人のようなイメージがありますから、その素顔が気になるという方は、私を筆頭にたくさんいらっしゃると思います。

森井　いや、それは全く逆です。私のことなど話しても誰も興味はないだろうと思うのですが、光田先生の若かりし日々のことは皆さんお知りになりたいはずですから、ぜひそのあたりをお聞かせいただきたいです。

あっ！その前に、本書のもう一人の登場人物と言っても過言ではないエドガー・ケイシーという人物について、今さらなのですが、光田先生からすこし詳しく教えていただけますでしょうか？

光田　ホントですね（笑）。今さらになりますが、エドガー・ケイシー（Edgar Cayce 1877〜1945年）は、ごく簡単に言うと、20世紀前半のアメリカにおいて、驚異的な霊能力（リーディング能力）を発揮した人物です。

長椅子に横になり体をリラックスさせ、ひとたび催眠状態に入ると驚くほど正確なリーディング能力を発揮して、相談者の悩みの解決方法を示唆したり、治療法の見つからない病を劇的に回復させたりすることができました。

彼が催眠状態で語る言葉は「リーディング」と呼ばれ、病気の治療では遠方に住む面識のない人々の難病も診断してその治療法を述べましたし、依頼者の前世から持ち越してきた性格や才能、あるいはカルマを指摘し、今回の人生をさらに豊かで充実させるように導きました。

医学や心理学、考古学、科学、工学などを含む、様々な分野に時代を超越した業績を遺したケイシーですが、彼の最大の功績は何かと問われれば、やはり、人間の本性が永遠不滅の高貴な霊的存在であると実証したことだと私は思っています。

森井　全くそのとおりだと思います。

ケイシーは敬虔なクリスチャンであり、イエス・キリストの影響を大変強く受けているのですよね。

光田　はい。９歳のときに福音伝道師の説教を聞いたことがきっかけで、イエス・キリストに興味をもつようになり、両親にねだって聖書を買ってもらいました。ケイシーの熱意はすごいもので、それから13歳になるまでの間に13回も通読したほどだったそうです。

森井　きっとその時に「キリストのように病人や悩める人々を助ける人になりたい」というふうに思いが醸成されていったのでしょうね。

光田　私もそう思います。そして、その願いが聞き届けられたのでしょう。幾度かの神秘体験を経て、リーディング能力が発現した24歳から67歳で亡くなるまでの43年間に、ケイシーは記録に残るものだけでも実に１５０００件近いリーディングを行ったのです。

死んだら無になるという人生観の中で

森井　私が初めてエドガー・ケイシーに触れたのはもう35年以上前、19歳の頃です。
　ある日時間をつぶすのにたまたま寄った本屋さんで、ジナ・サーミナラ著の『超能力の秘密』（たま出版）というエドガー・ケイシーについて書かれた本がふと目に留まったんですね。気になってすぐに購入し、家に帰って読んでみるとこれが面白くて。

光田　なんと！それは驚くべき一致ですね。実は私も大学生の頃に、同じく偶然書店で手にしたエドガー・ケイシーの『転生の秘密』（たま出版）によって、人生が一変したんです。

森井　そうでしたか。たしか、ケイシーと出会うまでの光田先生は生粋の唯物論者だったということでしたが……。

光田　そのとおりです。

森井　それには、何か理由があるのでしょうか？

光田　父が筋金入の唯物論者で、小さい頃から唯物論を叩き込まれました。
「人間というのは肉体としての存在がすべてだ。霊魂はないし、神も仏もない。生きている間だけがすべてであって、死んだら無になるんだ」という人生観の中で育てられたのです。

父が唯物論者になったのには理由があります。14歳で満州に送られて17歳の時に終戦を迎えたのですが、そのままソ連のシベリアに抑留されて強制労働をさせられました。生きているのも難しいくらい少ない量の食事で過酷な労働を強いられて、寝ている間に誰かが死ぬと、朝にはカチカチに凍ったその死体をリアカーに積んで運ばされたそうです。そして、そんな環境で徹底的にマルクス・レーニン主義を仕込まれたのです。

森井 そこで唯物論者になられたのですね。

光田 はい。父は4年後にようやく日本に帰ることができたのですが、当時シベリアから帰ってきた人は「アカ（共産主義者）」だと言われ、日本の社会では嫌われました。どこにも就職先がなかったために、父は致し方なく満州とシベリアで習い覚えた炭焼きを始めたそうですが、そのうち炭焼きでは生計が立たなくなり、材木業を始めることになりました。

その後、結婚して私が生まれたわけですが、父の唯物論者ぶりは徹底したもので、お墓参りはもちろん、お葬式にも一切行きませんでした。「霊魂はないのに、ないものに戒名をつけてお金をふんだくるなんて、坊主は詐欺師だ」と言っていましたね。

祖父、つまり父の父親が亡くなった時にも山に木を伐りに行っていたのですが、さすがに親戚中から顰蹙《ひんしゅく》をかったらしく、父の母が亡くなった時にはお葬式で喪主の挨拶をしていました。でも、その時ぐらいですよ、父がお葬式に出たのは。
　きっとその徹底ぶりが私にも遺伝したんだと思います。

森井　そんな唯物論がベースとなった家庭で、光田先生はどのような少年時代を過ごされたのでしょう？

光田　私は小学校の頃から天体観測が好きでした。
　宇宙というのはものすごく大きくて、その中に小さな銀河系があり、その小さな銀河系の中のさらに端っこに太陽系、その太陽系の中の3番目のほとんど目に見えないくらいに小さな地球、その地球の表面で一生懸命蠢《うごめ》いている砂粒にも満たないほどちっぽけな私に一体どんな価値があるんだろう……。星々を眺めながら、私はそんなことを考えていました。
　こんなちっぽけな私には、どう考えても本質的な存在価値はなさそうだ。私に価値がないということは、結局誰にも価値がなく、人間そのものや、他の生命にも価値がないと、そう思っていましたね。

森井　小学生とは思えない深い思索ですね。

光田　まあ、変わり者だったんですね。
　中学校に入ったあたりからは「もし自分の人生が肉体の死によって一切消えてしまうのならば、私は何のために生きているのだろうか？」と考えるようになりました。
　高校に入ってからもずっと悩み続けて、どうしてもこの疑問を解決できなかった私は、高校の倫社の先生にとうとう「なぜ生きているのかがわかりません」と質問しました。すると倫理の先生から「そういう疑問には「デカンショ」を読みなさい」と言われました。

森井　哲学者のデカルト、カント、ショーペンハウエルのことですね。

光田　そうです。当時の私はまだ素直でしたから（笑）、「そうか、デカンショを読めば生きる意味が分かるのか」と思ってすぐに読み始めました。ただ、デカルトとショーペンハウエルは読めたのですが、カントは冒頭から書いてあることの意味が分からず、全く読めませんでした。

森井　カントは難解ですからね。

光田　歯が立たないことが悔しくて悔しくて、カントの哲学書に歯型をつけて図書館に返したのも今では良い思い出です（笑）。

森井　それはすごい！

光田　それで、カントを読むためには、きっとそれ以前の哲学を理解する必要があるに違いないと思って、高校の図書館にあった『世界思想全集　全30巻』を第1巻から読んでいくことにしました。

でも、ソクラテス、プラトン、アリストテレスと、どんどん読んでいくのですが、困ったことにどの哲学者も霊魂の存在が前提なのです。私は唯物論者ですから、霊魂が出てきた段階でアウトということになり「あっ、この哲学は駄目だ」と思ってしまう。最終的には実存哲学などの現代の哲学も読んでいって、最後に読んだのがバートランド・ラッセルでした。

森井　ラッセルの本には、どんなことが書いてあったのですか？

光田　ラッセルはこう言うんですよ。「人間というのは、結局のところ原子分子が偶然に結合してできた有機物に過ぎない」とね。

私は「やっぱりそうか」と思いました。どれほど偉大なことをしようと、人間の死を越えてそれを引き継ぐことはできない。仮にもし人類そのものに価値があったとしても、どのみち太陽系はいつか滅びる、燃えてなくなる、宇宙の屑となって消えてしまう……。

どれほどあがいても、人間には最終的な価値はない。結局のところ、人間は自分に価値がないという絶望を知りながら生きるしかない。これがラッセルの結論だったんです。

たった一冊の本との出会いによる救い

光田 ラッセルの本に書かれていたことと小学校の天体観測の時に私が感じていたこととが繋がったことで、私が頭の中で延々と悩み続けてきたことについに決着がつきました。

宇宙は大きい、その中で自分の存在は絶望的に小さい。宇宙の歴史は長い、その中で私の人生はいとも儚《はかな》い。空間的、そして時間的なふたつの絶望で「やはりの人生には意味がない」と思い、ある時から私は遺書を書き始めました。

森井 なんと、遺書ですか……どんなふうに書かれたのですか？

光田 当時、唯物論者の父から東大法学部を受験しろと言われていて、私にはそれがまた大きな苦痛でした。ノイローゼのようになって、とても苦しい日々でしたね。何か楽しいことがあっても、これはかりそめにすぎないと思ってしまうのです。

人間に本質的な存在価値はなく、肉体の生がすべてであって、肉体の死とともに私が宇宙から痕跡を残さず消えるのであれば、私などもともといなかったに等しいはずです。私が自殺したら両親はしばらくの間嘆くかもしれないけれど、その両親だって数十年もすれば死んでしまう。

そもそも人間にも、この宇宙にも本質的な価値はない。どうせ本質的な価値がないのならば、そのまま無になったほうがいいと思いました。自分なりにきれいな遺書を書こうと思って、著名人の遺書などを参考にしながら二日に一通くらいのペースで書いていましたね。

森井　二日に一通！書かれた遺書はどうされたのですか？

光田　なかなかいい遺書が書けずほとんどボツにしたのですが、二通だけうまくできたのがあったので、それを便箋に清書して、一通は天井の裏に、もう一通は勉強に使っていた電気スタンドを分解してその中に隠しました。

なぜ隠したのかというと、ちょっとせこい話なのですが、その頃は自殺だとわかると生命保険があまりおりなかったのです。だから、事故死に見えるような死に方をして、無事に保険金がおりたあと何年か経ってから、電気スタンドが壊れたり、家を解体することになったりした時にその遺書が見つかって、両親に読んでもらえたらいいなと考えて仕込みました。

森井　唯物論者でありながらも、光田先生はちゃんとご両親を思いやっておられたのですね。それで遺書が仕上がったのは良かったのですが（笑）、幸いなことに光田先生が今ここに生きておられるということは大学に進学されたのですよね？

光田　本当のところ、私が唯一行きたいと思っていたのが京都大学の哲学科でした。遺書をしたためながらも、もしも人生に意味があるのであれば、すでに解決している哲学者がいるかもしれない。哲学を学べばそれが分かるかもしれないと思っていたのです。

それで高校三年生の時に文系クラスに入ったのですが、数学や理科が得意で社会の成績がひどく悪かったために先生から理系に変えるように説得されて、結局、京大の工学部に行くことになりました。

でも、大学に入ってからの私はそれまで以上に生きようという気力をなくしてしまっていました。言ってみれば死ぬだけの意気地がないから生を継続しているだけだったのです。

こんなことではいけない、そろそろ自分に意気地があることを証明しようと思って命を断つ場所を探し始め、大学2回生の時、ついに良さそうな方法を見つけてあとは実行に移すのみということになりました。

森井　そこまで思い詰めていたのを思いとどまられたのはなぜでしょうか？

光田　当時の私は、生気のない青白い顔でヒョロヒョロとして、毎日のように京都の駸々堂《しんしんどう》という大きな書店に通って、新しい哲学書を買ってきては読みふけっていました。

それがある時、自殺を決行しようと考えていた日の数日前のことなのですが、駸々堂の哲学書のコーナーにエドガー・ケイシーの『転生の秘密』という本があったのです。

森井　哲学書のコーナーにケイシーの本があるなんて、書店の店員さんがジャンルを間違えて置いてしまったのでしょうか。

光田　そうかもしれませんね。日本の書店に並ぶような哲学者の名前はすべて頭に入っているはずなのに、エドガー・ケイシーという哲学者は全く聞いたことがありませんでした。

一体どんな人なんだろうと思って、その本をパラパラとめくったところ、「ほう」と思う所があったんですね。それまでに読んだ哲学書とはあきらかに毛色というか雰囲気が違うのです。一般的に哲学書はいかめしい言葉で始まることが多いのですが、この本は違っていた。なんだか分からないのですが心引かれて、とにかく読んでみようと思って買って帰り、その日の夕方からじっくりと読み始めました。

森井　エドガー・ケイシーの本には当然のっけから霊魂が出てくると思いますが、アウトとはならなかったのですか？

光田　それが不思議なことにすーっと読み進めることができたのです。

実は、大学生になってからは、哲学だけではなくて宗教的なことにも多少興味を持つようになったのですが、宗教に接しても、宗教書を読んでも、何も解決しませんでした。仏陀と同じような神通力を示している人はいないし、キリストと同じように不思議な治癒を起こしている人はいない。そういうものはすべてインチキというか、作り話なんだろうなと思っていたのです。

ところが、エドガー・ケイシーの場合はそれをどんどん実証していきます。彼自身の人生からして高校一年中退で、さしたる学歴もないのにひとたび催眠状態になれば、あるはずのない医学知識がどんどん出てくる。そして、彼のところにやってくる多くの難病患者を、催眠状態で次々と診断して治していくのです。

夕方からぶっ通しで読み続けて、明け方読み終えた私は、歓喜の雄叫びを上げましたね。この人は本物だ、そして、人間の本質は永遠不滅の高貴な霊魂なのだと。

森井　まさに180度の転換、意識の変革が起こったのですね。

光田　ケイシーの本との出会いで私は救われました。
　人間は死んだらおしまいだ、人間にも宇宙にも本質的な価値などないと思い込んでいたのが、偶然出会ったたった一冊の本によって、その本質は永遠不滅の高貴な霊魂なのだと知らされたわけですから。

森井　ところで、唯物論者だったお父さんは、今の光田先生のお仕事をご存知だったのですか？

光田　父は死ぬまで唯物論者でした。15年ほど前に亡くなりましたが、最期までケイシーのことは受け入れなかったですね。
　でも、ケイシーのことは「なんだ、こんなもの」と思っていたようですが、私の本はしっかり読んでいて、誤字脱字を見つけて知らせてくれたり、地元の書店さんに掛け合って「光田秀コーナー」を作ってくれたりしました。

森井　考え方の違いを超えて、息子のことを誇らしく思っておられたのでしょうね。

日本エドガー・ケイシーセンターの設立

光田　私のことばかり話してしまいましたが、今度は森井先生とケイシーとの出会いについて聞かせていただけますか？

森井　私の場合は、19歳の頃に偶然ケイシーの本と出会ったのですが、読んでみて本当に驚きました。私は幼少の頃から見えない存在との交流があり、彼らから教えてもらっていたことが、ケイシーのリーディングの内容と驚くほど一致していたのです。

それからケイシーについて書かれた他の本も読むようになり、ケイシーというのは稀代の超能力者であったというだけでなく、現代医学で見放された患者さんたちの症状を診断し、通常の医学や代替医療を隔てなく使うことによって治癒に導く方法を多く述べているということを知っていきました。

いま思えば、私がホリスティック（全的）な健康観をもった統合医療を志すようになるきっかけを与えてくれたのがケイシーでしたね。

光田　このシンクロニシティは、驚くべきことであると同時に大変嬉しいことですね。それで森井先生は、ケイシーについてのどんな本を読まれたのでしょうか？

森井　先ほどお話しした『超能力の秘密』、それから光田先生も読まれた『転生の秘密』も読みました。その後はオーストラリアに渡ってしまったので、あとは現地で英語の本を買って広く浅くという感じで読んでいました。

いまも折々で読み返すのですが、ケイシーのリーディングは時間を置いて読んでみるとまた違った内容に感じられる。読み返すごとに新たな気づきがあるんですね。これはケイシーのリーディングが古今東西の聖典と同様の質であることを示していると思います。

光田　私もその通りだと思います。

森井　その後、本格的に医療に携わるようになり様々な医療をずっと見てきたのですが、ケイシーの伝えている医療とはかなり違いがあることが分かりました。現代医療では薬がないとか治療法がないということで治らないとされるような難病でも、ケイシーのリーディングによる治療では本当にびっくりするくらいの治癒的な動きがあるんですね。

それで「これはすごい」と確信し、しばらくしてA.R.E（Association for Research and Enlightenment, Inc.）の会員になりました。

光田　A.R.E.というのは、エドガー・ケイシーがまだ存命中の1931年に、その情報を研究普及する団体としてバージニア州に設立されたエドガー・ケイシー財団のことですね。

余談になりますが、日本でケイシーが知られるようになったきっかけは、戦後間もなく一部の宗教者の間で話題になったことで、そこからエドガー・ケイシーの名前が知られるようになり、ケイシーの死後20年を経て彼に関する書物が翻訳されるようになりました。

いまでは日本において翻訳あるいは執筆されたケイシーに関する書籍は100冊を超えるほどになっていますが、予言者とかオカルティックな側面からクローズアップされることが多い傾向にあります。

たしかにリーディングが予言的な情報をもたらすこともありましたが、その種のリーディングが全体に占める割合は、ごくわずかなものです。先ほど15000件近いと言いましたが、正確には14306件あるリーディングのうち、9605件がフィジカルリーディングと呼ばれる美容健康に関するものであり、森井先生は医療にかかわってこられた方なので、そちらを中心にケイシーへの探求を深めてこられたわけですね。

森井　そうですね。特に1990年代はノストラダムスの予言などとあいまって、ケイシーについても「日本の大部分が海に沈む」といった、一見するとセンセーショナルなリーディングばかりが注目されていましたからね。

しかし、いままでは日本でも本質的なリーディングの理解を助ける多くの書籍が世に出されていますし、それらのうちの多くが光田先生によるものなのですから、先生のご功績は実に素晴らしいものだと思います。

光田　恐縮です。

森井　いやいや、本当にすごいことです。いま日本でエドガー・ケイシーに光が当たってきているのは、光田先生のおかげです。

私がA.R.E.に入った当時はまだそういった書籍も少なかったので、アメリカの本部からケイシーの最新の情報満載の読み物が定期的に届くのをとても楽しみにしていました。たしか、それからまたしばらくたった頃に、日本エドガー・ケイシーセンターができるという連絡が来て、その時に一度光田先生にご連絡をしたように記憶しています。

光田　そうでしたか。設立は1993年のことでしたからもうずいぶん前ですね。その後、2002年には、NPO（特定非営利活動）法人としての認可も得て、現在は日本におけるA.R.E.の正式の承認を得た唯一の団体としてエドガー・ケイシーの研究普及啓蒙活動を行うに至っています。

森井　まず日本エドガー・ケイシーセンターの運営のための寄付をさせていただいたところ、先生からケイシー療法に使用するオイル等を販売しているアメリカのヘリテージストアというメーカーを教えていただいたのですが、その時が最初だったと思います。

当時はまだテンプルビューティフルさん（https://www.caycegoods.com/）のような日本でケイシー関連商品を取り扱っているお店がなかったので、ケイシー療法に取り組めるということで早速病院として登録し、業者価格で取引をさせていただくようになりました。いまはケイシー療法に関心がある方には、テンプルビューティフルさんをお勧めしています。

エドガー・ケイシー療法の実践

光田　大変申し訳ないことに、実は私はその時のことをよく覚えていないのです。

たしか10年くらい前に、私はがんに関するケイシー療法のレポートを出したんですね。「ケイシー療法によるがん治療の指針」というものなのですが、これに基づく講演会をしたときに森井先生がお越しくださって、このレポートを非常に褒めてくださった。そこでお会いしたのが初めてだと記憶していました。

森井　たしかに、きちんとお話ししたのはその時が初めてだったと思います。あのレポートは本当に素晴らしいものでした。あそこまでまとめるのには相当のご努力が必要であり、光田先生以外誰にもできないことだと思います。

光田　そんなことはないのですが……。ただ、時間の許す限り、とにかく調べられるかぎり調べました。当時の自分の中では、がんについてはこれ以上研究できないというくらいに研究を重ねて、その結果をまとめました。

今日、日本人の三人に一人はがんで亡くなっていると言われます。現代医学では主に抗がん剤、外科手術、放射線療法でがん治療に取り組んでいますが、体への負担も大きく、治療が成果を挙げないケースも相当にあります。ケイシーは「がんは血液の劣化によって生じる」と主張し、血液を浄化する方法でがんに優れた治療実績を上げました。そこで私は、ケイシー療法によってがんを治療するための具体的な方法を探求したのです。

ですから、森井先生がものすごく褒めてくださって、私の努力を認めてくださる方がいらっしゃるのだなとあの時は本当に嬉しく思ったものです。ありがたい出会いでしたね。

森井　先生がまとめられたレポートの中に、がんの治療のために炭素を使うということや、アメリカ山牛蒡を使うといったことが書かれていました。私はそのリーディングの該当部分は読んだことがなかったのですが、実はホメオパシーでもがん治療で炭素やアメリカ山牛蒡をよく使っていて、しかもそれでかなりの成果を上げていたので、やはりケイシーのリーディングはすごいなと感心したんです。

光田　それは実に興味深いですね。

森井先生はホメオパシーで治療をされていて、ケイシーのリーディングとイコールのところがあると気づかれたということですが、ケイシーのリーディングによる治療法では他にどういったものを使われているのでしょうか？

森井　いろいろと使ってきました。例えばバイオレットレイ、カルシオス、各種フォーミュラシリーズ、咳止めシロップ、イプサプ等々、ほとんどのことを試してきました。もちろん今でも必要に応じて治療に使っています。

そうそう、ひまし油湿布もとても良いのであの手この手で試そうとしたのですが、動物にはなかなかハードルが高いんですよね。

光田　そうか、森井先生の患者さんは動物でしたね。動物だと舐めてしまうかもしれません。

森井　ひまし油は、舐めたら下痢しますからね。
　それに、動物たちの場合は毛が生えているのが厄介なんです。ひまし油湿布は重曹で落とすわけですが、人間のようにうまく落ちないのですよ。結局毎日しっかりとやるなら毛を剃るしかないので、家族の人の協力がないとなかなか使えません。

光田　森井先生ご自身は、ケイシー療法を試されたことはありますか？

森井　はい、もちろん。今でも一番よく使うのはやはりひまし油湿布ですね。以前はケイシーの教え通りに規則正しいサイクルで行っていましたが、今は気が向いた時だけにしています。そもそも体調が悪くなるということがあまりないので、そろそろ浄化したほうがいいかな、という時や断食の後などに行うことが多いですね。

光田　ひまし油は「キリストの御手」とも呼ばれ、肉体だけではなく、魂や心の浄化もできると言われています。ひまし油湿布をされてみて、実際に何か体感なさったことはありますか？

森井　体が元気なので何かが明らかに変わったということはないのですが、ひまし油湿布を行った後はとにかく気分がすっきりしますし、体がぐっと軽くなるのを感じますね。それから、うちの一族の中で私だけが盲腸炎に罹っていないのですが、これまで盲腸のあたりが痛くなると必ずひまし油湿布をしていたので、そのおかげではないかなと思っています。

いずれにせよ、以前はケイシーが勧めている様々な器具も、自宅で使うには入手が難しくてハードルが高いものでしたし、肌に塗るクリームや食事なども作り方などがはっきり分からず取り組むのが困難でしたが、光田先生のご尽力のおかげで日本語での情報が増えて、本当に実践しやすくなっていると思います。

光田　それは嬉しいお言葉ですね。ケイシー療法に関する詳細な情報は、先ほどもご紹介した拙著『エドガー・ケイシー療法のすべて』(ヒカルランド)シリーズでまとめています。このシリーズは全6巻でいま3巻まで出ていて、これもいままとめられる限りの情報を紹介しているので、関心のある皆さまにはぜひ手に取っていただければと思います。

閃きに従って自由に生きる

光田　ところで素朴な疑問なのですが、森井先生はどういった経緯で獣医になられたのでしょうか。

森井　父親が動物病院を開業していたので、その影響が大きいと思います。もともと私自身が動物好きだったということもあって、小学生の頃から父が診察や手術をする際に助手をさせてもらっていたのです。

光田　小学生の頃からですか！

森井　はい。当時はまだそんなに獣医師の需要がなかったので患者さんが少なくて、「ああ、こんなに暇な仕事があるんだ」と思ったんですね（笑）。

本当のことを言えば私は風景や動物の絵を描くのが好きだったので、その頃は獣医よりも画家になりたかったのですが、獣医になれば絵を描く時間もいっぱいできるだろうということで、本格的に獣医師を目指すようになっていきました。

光田　それで北海道大学に進学されたわけですね。

森井　東京よりもっと広いところに出たいと思いまして。北海道の広々とした環境の中で牛や馬から犬や猫までさまざまな動物の医療を学んだり、それから自然の中にもたくさん行きました。

北大の大学院を卒業してから札幌の民間の動物病院に入ったのですが、どうしてもう少し新しい医療技術を学びたいと思って、カナダに留学することにしたんです。

光田 あれ？　先ほどオーストラリアとお聞きしたように思うのですが……？

森井 そうなのですが、実は最初はカナダに行こうと思っていたんです。その頃にはケイシー医療を勉強していたので、ケイシーのことをさらに深く学ぶためにもアメリカに近く、アメリカよりも自然の多いカナダに行くことを決めました。

ところが、カナダの獣医師会や地元の獣医さんにも連絡を取り、留学先も決め、あとは飛行機のチケットを取って出発するのみという段になったところで、突然行き先をオーストラリアに変更することにしてしまって。

光田 それはまたなぜですか？

森井 チケットを買いに航空会社のカウンターに行ったらまだ窓口が開いていなかったので、

たまたま近くにあった映画館に入ったところ、上映されていたのが『クロコダイル・ダンディ』という映画だったんですね。
オーストラリアのアウトバック（オーストラリアの内陸部に広がる、砂漠を中心とする広大な人口希薄地帯）にいる野生児が主人公のコメディ映画だったのですが、それを見ているうちに「やっぱりオーストラリアに行きたいな」と思ったんです。そして、その閃きに従ってオーストラリア行きのチケットを買い、そのまま現地へ飛び立ったというわけです。

光田　たまたまご覧になった映画をきっかけに、行き先を変更されるとは何とも大胆な……、そうだ！思い出しましたよ。
森井先生とは、レポートを褒めていただいてからほとんどお会いする機会はなかったのですが、私の妹でテンプルビューティフルの代表をしている光田菜央子による森井先生のインタビュー記事を読んで、愕然としたんです。こんなとんでもない人だったんだと、もう驚きましたよ。

森井　そんなことはないですよ（笑）。……というか、私は一体どんなとんでもないことをお話ししたのでしょうね、ほとんど覚えていないのですが。

光田　オーストラリア中を飛行機であちこち回って診療をされていたとか。

森井　「フライングドクター」のことですね。

なんのあてもなくオーストラリアに行ったものですから、現地では研修先を探すことから始めなければなりませんでした。毎日毎日、色々な動物病院をひたすらまわり続けたのですが、日本の獣医師の免許というのは効力がなくて全く相手にされず苦労しました。

そんな時に、現地で知り合った人が獣医師の学会に招待してくれて、そこで多くの獣医師の友人ができました。そうしたら、今度は逆にたくさんの病院からオファーがくるようになってしまって。それで、今回は仕事ではなく勉強をするために来たのだからと、二週間ごとにあちこちの色々な病院に行かせていただくことになりました。さらに学会に飛び入り参加で発表させてもらったり、大学病院で学生たちに教えるアシスタントをさせていただいたりもしました。

そんな時、テレビで「空飛ぶ獣医師」が紹介されていたのです。美しい世界遺産の谷を飛びながら動物たちの元へ向かう映像を見て、すぐに連絡を取ったところ、いままでのオーストラリアでの実績が認められて、「フライングドクター」チームに受け入れてもらえたのです。

光田　わずかな時間でそこまでの実績をあげられる実力には、感服せざるをえませんね。フライングドクターをされる中で、印象に残っているご経験はありますか？

森井　フライングドクターとしての具体的な仕事の内容は、当時の政府が推奨していた「牛の結核撲滅プログラム」に沿ったもので、飛行機で移動しながら野生のバッファローやアウトバックに散らばっている牛のツベルクリン反応を調べてワクチンを打つというものが主体でした。毎朝飛行機に乗って自宅玄関前の滑走路から飛び立つのですが、よく通過するバングルバングルという秘境や美しい自然を上空から眺めるのが楽しみでした。現在では、バングルバングルはパーヌルル国立公園としてユネスコの世界遺産に登録されています。

　また、オーストラリアというのは国土の2割くらいが自由に入れる場所で、残りの8〜9割はアボリジニの聖地か私有地のため原則的には立ち入り禁止なのですが、こういう政府がらみのプロジェクトに関わっているとどこにでも自由に入ることができたので、それもまた貴重な経験でしたね。どこに行っても、日本人と会うのは初めてだと言われました。

光田　それはずいぶん濃密なご経験ですね。カナダではなくオーストラリアに行かれたのは、ある意味必然だったのかもしれませんね。

森井　そうですね。もしあの時にカナダに行っていたら、ただ地道に研修を積むだけの一年間になっていたかもしれません。オーストラリアでは雄大な自然に加え、細かいことは誰も気にしないというオーストラリアの人たちの大らかな気質のおかげで、かなりのびのびとした時間を過ごさせてもらいました。

光田　結局どのくらいの期間、オーストラリアに滞在されたのですか？

森井　一年ほどですね。

光田　日本に戻られるきっかけになるようなことがあったのですか？

森井　もう永住権は取れる段階になっていたので、オーストラリアにそのまま残るか日本に戻るか、どちらを選択してもよかったんです。でもオーストラリアでこのままダラダラした楽な生活をしていたら人間がふやけてしまうと思いました。

楽に楽しく生きられるのだけれども、それで本当にいいんだろうか、やはりある程度しっかり徳を積まないといけないのではないかという気持ちになって、しっかり働くなら日本の方がいいだろうと思いました。オーストラリアはとにかく休暇が多かったんです。

光田　それは羨ましい。

森井　たしかに（笑）。当時はこんなに休暇だらけでいいのだろうかと思ったんですが、戻ってきたらなかなかの苦労が待っていて、今では睡眠時間を削らないといけないような毎日です。

光田　本当に、いつ眠っておられるのだろうと思うほどのご活躍です。

オーストラリアでの学びとホリスティック医療

光田　エドガー・ケイシーの医療を学ぶことを念頭に置かれてのカナダへの留学をオーストラリアに変更されたわけですが、オーストラリアではどのような医療を学ばれたのでしょうか？

森井　オーストラリアでは西洋医療だけを徹底して行うという主流派とは別に、ケイシー療法はもちろん、当時の日本ではまだあまり知られていなかったフラワーエッセンスやホメオパシーなどの、いわゆる代替医療も広く許容されていて、バランスの取れた医療を学ぶことができたように思います。

光田　代替医療はどのようにして学ばれたのですか？

森井　オーストラリアにはそれらを学ぶ学校などは全くなかったのですが、独学には非常に向いている環境で、勉強できる材料がしっかりそろっていたのでどんどん学びを深めていきました。

そのうえで一般の西洋医療と代替医療を並行して、つまりいいとこどりで治療していくのがいちばんいいんじゃないかという結論に達して、それ以来ずっと病院では一般の診療や外科手術に加えて、こうした代替医療をいろいろと取り入れています。

光田　オーストラリアで様々な代替医療、特に一番のご専門であるホメオパシーと出会われて、それらの学びがいまの診療スタイルの原点となっているということですね。

日本に帰られてから、すぐに獣医としての活動を始められたのですか？

森井　そうです。日本に戻った後、当時父が閉めかけていたクリニックを受け継いで、一般の治療と伝統医療やホメオパシーなどを組み合わせた診療をスタートさせました。

光田　そうですか。それは飼い主さんたちにとっては大きな福音だったことでしょう。

森井　いえ、それが当時は一般の医療の方が主流でしたから、抗生物質やステロイドといったものの処方さえしてもらえれば十分ですという飼い主さんがほとんどで、説明するだけでもかなり大変でした。

光田　「こういう治療をしましょう」と提案した時に「なぜですか?」となってしまうのですね。

森井　そんなよく分からないことはいいからガンガン薬飲ませて治してしまおう、というのが大半の飼い主さんの希望でしたから。薬をあまり使わない医療というものがまだまだ受け入れられない時代でした。

光田　今でも、それから動物たちだけではなく人間のほうでも、そう大差ないかもしれません。

森井　日本人は薬好きなんだと思います。先ほども話題に上りましたが風邪だとか、インフルエンザの時にも薬が処方されますよね。

オーストラリアにいるときには西洋医療一辺倒ではあったけれども、そういうことは絶対にありませんでした。病院には行かないし、薬も使いません。風邪をひいたら「寝ていなさい」と。インフルエンザでも同じです。

光田　日本では医療費の問題も深刻ですから、その解決のためにも正しい知識を持つこと、それから医療についてのお話をした時の繰り返しになりますが、何より自分の身体の声にきちんと耳を傾けることを大切にしていきたいですね。

森井　それから、私たち治療する側も変わっていかなければならないと思います。西洋医学は確かに素晴らしいものではありますが、それ一辺倒ではこの先きっと治療に限界が出てくるような気がします。しかし、だからといって代替医療のみに頼るのも命を危険にさらす場合があって危ない。

ですから、両方をバランスよく取り入れていくというのがベストですね。外科に内科、そして東洋医学や伝統医学、民間療法などに精通している医師であれば、その方に合った最適な治療が可能になります。医療の世界に生きる、あるいは志す皆さんには、ご自身の専門分野だけではなく、広く深く学んでいっていただければと思います。

光田　先生ご自身がまさにそれを実践されているからこそのお言葉ですね。

森井　いや、私の場合はずいぶんと無駄な勉強ばかりしてきてしまって（笑）。例えば漢方薬でいうと、かつて15000種類ほどの生薬についてすべて詳しく覚えたのですが、実際に治療によく使うものはわずか数十種類に過ぎませんでした。
また、ホメオパシーの薬物事典『マテリアメディカ』をつくった時には十数年がかりで2500種類の生薬を徹底して勉強しましたが、そのうちよく使うものはたった3〜400種類のみでした。ですから、残りははっきり言って無駄な知識になっているわけです。

光田　想像できない勉強量ですね。
そういえば、いま手に入らなくなってしまっている『マテリアメディカ』の新装改訂版を製作されているとか。

森井　先の『マテリアメディカ』は2004年につくられたのですが、多くの方に支持していただき早い段階で売り切れとなってしまっていました。その後、医療者はもちろん、不思議なことに医学書であるにもかかわらず一般の方からも再版のご要望が相次いでいたのですが、ようやく新装改訂版の製作に漕ぎつけることができたのです。
いまは最終段階を迎えているのですが、量、質ともに大幅に良いものに仕上がりつつあるものの、1000ページを超える大著になってしまったので上下巻に分けることになりました。また、内容のさらなる充実はもちろん、全体性を大切にしながら多くの美しい写真を掲載していることもあり、先の『マテリアメディカ』以上に一般の皆さまにも多くの深い気づきやインスピレーションがあるかもしれません。長い年月にわたって活用できる本です。

光田　それはすごい！

森井　２００４年当時はインターネットがいまのように発展しておらず、写真を探して入手するだけでも一苦労だったのが、いまは本当に便利になりました。ただ、美しければ何でもいいというわけではなく、厳密に亜種まで指定されているので選定にも苦労しました。

さらに、最も大変なのは、従来のマテリアメディカにはない方式で書いたために、書かれていることについて知っているのが日本では私だけであり、校正が自分でしかできないということ。仕方なく毎晩診療を終えてから朝までの時間で、２００年前からの膨大な文献と論文を読み直しながら校正にあたっています。

未来へ繋がる土台をつくる

光田　そこまで勉強し、体系的にまとめようとされるその熱意というのは、どこからくるものなのでしょう？

森井　そうですね。一見すると無駄なことのようであっても、それを知っているのといないのとでは知識の厚みや深みが変わってくるものです。

そして、そうして得た知識をまとめたものが、後からこの道を志す人にとって楽に学べる土台になればいいという思いですね。こうして誰かが無駄な時間を費やさないと、代替医療の世界は進歩していきませんからね。

光田　素晴らしい！

森井　そして何より、多くの人に、ホメオパシーの重要性を理解し、治療の選択肢の一つとして応用してほしいと思っています。ホメオパシーは、自己治癒力を強力に刺激することによって心身の治癒を促進させる高度に体系化された治療法であり、特に、未病段階から安心して使えるという点でも優れた方法です。うまく使えば、健康寿命が格段に延ばせます。

すでにお話しした通り、現在の利益至上主義の経済社会では、ホメオパシーのような提供する側に利益が出ない治療法は弾圧されやすいのですが、現実的に多くの実績を上げ続けているという事実があります。２００１年にＷＨＯがホメオパシーを西洋医学に次ぐ、２番目の世界規模を有する医療体系として認めて以来、代替医療の一つの選択肢として近年急速に見直されている治療法の一つといえると思います。

光田　今後はどういった活動をなさっていかれようとお考えですか？

森井　身近なところではチーム医療の体制の基礎を作ること。例えば獣医師や医師だけでなく、ケイシー療法はもちろん、食事療法やホメオパシー等も含めて、様々な分野の専門家と組んでチームで治療をしていくというような流れができるのが理想ですね。

でも、その前に正しいホメオパシーの普及ですね。一般的にはかなり間違った情報が多く、誤解されていますから。

光田　おお、それはいいですね。ケイシー療法についても、私の代ではリーディングの翻訳をするだけで精一杯ですが、徐々に応用する段階に入っていけばいいなと思っています。

ケイシー療法は原理がしっかりしていますから、これから出てくるもっと進んだ、例えばAIなどのテクノロジーを取り入れて応用することが可能です。そういった分野の研究を進めていくために、今のうちからデータベースを整備することをしなくてはと思っています。

私の代ではできないかもしれないけれど、次の代でやってくれればいいですからね。森井先生にはとても及びませんが、どんなに時間がかかろうともエドガー・ケイシーの探求を重ね、できうるかぎり福音を伝える、その種を撒くことを続けていこうと思います。

森井　それはきっと多くの人にとって役立つものとなりますね。将来が楽しみです。それからもうひとつ、すでにまとめてはあるものの、まだ出版していないホメオパシー関連の書物を世に出すことができればいいなと思っています。ただ、これが世に出ることになるかどうかはもう上の方で決まっていることだと思うので、それにお任せするだけですね。必要がなければお蔵入りになるでしょうし。

光田　それはもったいない！必ずや神が手配してくださることでしょう。山の本も多くの方が待ち望まれていることでしょうし、これからの森井先生のご活躍が楽しみでなりません。さあ、そろそろ時間がきてしまったようです。今日は多くのことを学ばせていただきました。本当にありがとうございました。

森井　こちらこそ、ありがとうございました。光田先生のいま取り組まれているケイシー療法についてのご著書も楽しみですが、私はやっぱり光田先生のバガヴァッド・ギーターの本が読みたいです。

それから、山にご一緒したいですねえ。山でゆっくりとお茶を楽しんだり、滝に打たれるのも楽しい経験ですよ。

光田 行きたくても森井先生の行かれる所は過酷すぎてとても行けません。私のこの華奢な体であの滝行は無理です！

森井 大自然の中で、先生が無邪気に遊べば、ケイシーが降りてきてくれるような気がするのですが（笑）。

それでは山へのお誘いは気長に続けていくとして、まずは近いうちに、憧れの日本エドガー・ケイシーセンターに遊びに伺わせていただきたいです。

光田 それならば大歓迎です！

森井先生とまた楽しく語り合える時を楽しみにしています。

あとがき

光田　秀

半年くらい前だろうか。日頃からお世話になっている、きれい・ねっとの山内尚子さんから、「森井先生と対談なさいませんか？」というお誘いを受けた。「森井先生って、あの、森井先生のことですか？」と確認のメールを送ると、「あの森井先生です！」と即答が返ってきた。

ううむ、私も前々から、あの超人森井啓二先生には、根掘り葉掘りいろいろ伺ってみたいことがあった。そもそも、あの超人的能力の秘密はどこにあるのか、不思議でならなかった。森井先生をご存じの皆さんであれば、私のこの気持ちも充分にわかっていただけると思う。熟練した登山家でも入れないような山岳に入り、極寒の滝行をすずしい顔で楽しんでおられる。

余暇に描かれるという絵も超絶である。個展を開いていただきたいほどの作品ばかりである。鍛えられた肉体と芸術のセンス。さらに、ホメオパシーの世界においてもその膨大な研究と実績は圧巻の一言に尽きる。日本のホメオパス必携の参考書の多くは森井先生の手によるものである。そして、世間に見せておられる顔は、難しい手術を次々とこなすベテランの獣医師なのである。

いったい、どのようなトレーニングを積めば、そんな離れ業が可能なのか……。前々から聞いてみたくて仕方がなかった私にとっては、まさに渡りに船のお誘いであった。

さて、対談は、われわれ二人が敬愛するエドガー・ケイシーの話から始まった。私は、唯物的世界観に挫折し、実存哲学を追い求めた結果としてケイシーに出会った。森井先生は、生まれながらの超感覚が契機となってケイシーに出会われた。そして、この「エドガー・ケイシー」を共通の土台として、それぞれが探求してきた霊的世界と霊的鍛錬の方法について語り合い、教えを請い、それぞれが長年の鍛錬で身に付けてきたさまざまな秘訣を惜しみなく開陳した。

私の前世に、武道家あるいは修行僧の過去生があるのかどうか、私には分からないが、対談の中で、私の意識はしばしば武道家・修行僧のような意識を味わった。それぞれの道で鍛錬してきた二人が、それぞれの修業の成果を確認し、喜び合い、さらなる鍛錬に向けて鼓舞激励されたような気がしたからである。

私は、いま、編集部から送られてきた最終原稿に目を通しながら、このあとがきを書いているが、「おお、森井先生は、こんな深いことを話しておられたのか！」と改めて驚くことしきりである。対談の時にはしっかり意識できなかったことが、こうして活字になることで再確認できるのは、私にとってもありがたいことである。

森井先生と私がこの対談で一貫して語っていることは、次の点にあると思う。すなわち、「人間の本質は永遠不滅の高貴な霊的存在である」ということ。人間を単なる肉体的存在として捉えると、人はこの世の肉体人生すら意義深く生きられない。しかし、人間を永遠不滅の霊的存在であると自覚して生きるならば、われわれは自由を獲得し、霊性を自覚するが故に、かえってこの世の肉体人生も存分に、有意義に、創造的に生きられるようになる、ということである。そして、それを自分の人生で実現する道は、すでに先賢が用意してくださっていたのである。

この対談は、その道をそれぞれ歩いてきた二人が、それぞれのいまの心境を語ったものでもある。また、これから道を志す人達や、既に道を歩んでいる同胞に向けて、何か益するものをシェアしたいという気持ちも込めている。読者にわれわれの気持ちが伝わったとしたなら、これこそ望外の幸せである。

最後に、われわれの対談を企画し、われわれ二人が思いつくままに語った内容を整理整頓して一冊の本に仕上げてくださった山内尚子さんに厚くお礼申し上げる。

本書の出版が主の御心にかなうものとなりますように。本書を手に取られた方々の上に神理の扉が大きく開かれ、主の祝福が豊かに注がれますよう、心より祈念致します。

著者略歴

光田 秀（みつだ しげる）

NPO 法人日本エドガー・ケイシーセンター会長。1958 年広島県生まれ。京都大学工学部卒業。20 歳の頃、エドガー・ケイシーの『転生の秘密』（たま出版）を読み、霊的人生観に目覚める。同大学院修了後、政府研究機関にて 4 年間勤務。以後、エドガー・ケイシーを中心に、霊的哲理の研究・翻訳・執筆に専念。

日本エドガー・ケイシーセンター
https://edgarcayce.jp/

森井 啓二（もりい けいじ）

専門は動物の統合診療医＆外科医。東京生まれ。北海道大学大学院獣医学研究科卒業後、オーストラリア各地の動物病院で研修。1980 年代後半から動物病院院長として統合医療を開始。趣味は瞑想、ヨガ、山籠り、油絵を描くこと。自然が大好き。40 年前にクリヤヨギたちと会う。クリヤヨガ実践。

ブログ：ひかたま（光の魂たち）
http://shindenforest.blog.jp/

神理の扉

聖なる変容と霊性進化の道

2020年4月22日　初版発行

著者　光田 秀
　　　森井啓二
発行人　山内尚子
発行　株式会社 きれい・ねっと
〒670-0904　兵庫県姫路市塩町91
TEL：079-285-2215 / FAX：079-222-3866
http://kilei.net

発売元　株式会社 星雲社（共同出版社・流通責任出版社）
〒112-0005　東京都文京区水道1-3-30
TEL：03-3868-3275 / FAX：03-3868-6588
デザイン　eastgraphy 筧 美那世

ISBN 978-4-434-27272-1